一件事，想通了是天堂，
想不通就是地獄

Smile

聰明心 02

一件事，想通了是天堂，想不通就是地獄

編著：張嘉玹
出版者：大拓文化事業有限公司
執行編輯：洪千媚
封面設計：林鈺恆
內文排版：姚恩涵

總經銷：永續圖書有限公司
劃撥帳號：18669219
地址：22103 新北市汐止區大同路三段一九十四號九樓之一
TEL (〇二)八六四七—三六六三
FAX (〇二)八六四七—三六六〇
E-mail yungjiuh@ms45.hinet.net
網址 www.foreverbooks.com.tw

CVS代理：美璟文化有限公司
TEL (〇二)二七二三—九九六八
FAX (〇二)二七二三—九六六八

法律顧問：方圓法律事務所 涂成樞律師

出版日◇二〇一八年五月

國家圖書館出版品預行編目資料

一件事,想通了是天堂,想不通就是地獄 / 張嘉玹編著.
-- 初版. -- 新北市 : 大拓文化, 民107.05
面； 公分. -- (聰明心 ; 2)
ISBN 978-986-411-070-4(平裝)
1.人生哲學 2.通俗作品
191.9 107003978

Smile

心不動，人不妄動，不動則不傷

充滿誘惑的塵世間，你的心是否堅不可摧，是否能抵擋得了重重的衝擊？

CHAPTER.1

CHAPTER.2

命由己造，相由心生

自信不是自大，不是盲目，而是在理智基礎之上的從容，在從容步伐裡的睿智。

Smile

CHAPTER.3

苦海無邊，回頭是岸

當你感到愁苦煩惱的時候，不妨想一想，
一切都會過去，一切都已經過去。

CHAPTER.4

緣起即滅，緣生已空

不為明天的憂愁而煩惱，不為將來苦悶所羈絆，
這樣才能過輕鬆快活的日子。

Smile

CHAPTER.5

一切皆為虛幻

當你真正理解了生活，理解了生命，就會發現自己已經樂在其中了。

CHAPTER.6

大悲無淚，大悟無言，大笑無聲

幸福就是一種面對生命的從容，面對生死的超脫。

前言

有一個信徒曾經向無德禪師訴說：「禪師！我已經習禪多年了，但始終無法開悟。佛書經典上說，地獄與天堂是真實存在的，但我怎麼就從來體會不到呢？我很想知道，天堂和地獄到底存在於哪裡？」

無德禪師並不答話，只是叫信徒去河邊提一桶水過來。

信徒依言而行，把水提來放在禪師的面前。

無德禪師告訴信徒：「你低下頭去看看，說不定你能從水桶裡面發現地獄和天堂。」信徒覺得奇怪，就湊近水桶聚精會神地尋找。

這時，無德禪師突然從後面壓住他的脖子，並將他的頭使勁的往水裡壓。

信徒痛苦地掙扎著，快要喘不過氣來了，這時，無德禪師鬆開了手。

信徒大口喘息著，生氣地問道：「禪師，你這是什麼意思？你把我的頭壓在水裡，讓我幾乎透不過氣來，那感覺簡直就像是在地獄。」

無德禪師看著他，微笑地問道：「那麼現在呢？現在你感覺如何？」

「現在好多了，呼吸暢通，感覺就像在天堂一樣。」

無德禪師點了點頭，問道：「只是一眨眼的工夫，你就從地獄來到了天堂，現在，你還有什麼理由不相信地獄和天堂的存在呢？」

地獄和天堂只存在於一念之間，當你感覺自己很痛苦時，就是地獄；當你覺得生活很順暢時，就是天堂。

CHAPTER .1

心不動，人不妄動，不動則不傷

人生在世如身處荊棘之中，心不動，人不妄動，不動則不傷；如心動則人妄動，傷其身痛其骨，於是體會到世間諸般痛苦。

Smile

01

天堂地獄一念間

天堂與地獄只在一念之間，若念天堂，有愛即是天堂；若念地獄，人間處處即煉獄！

一個商人經常帶領長長的重載駝隊，從森林裡的一條小路上經過，每當他路過那裡時，都會看到一個樵夫正在賣力地砍柴。讓他不解的是，樵夫的臉上總是帶著微笑，而他自己儘管很富有卻整日愁眉苦臉。

一天，商人終於按捺不住內心的好奇，走到樵夫面前問：「我真不明白，小伙子，你窮得身無分文，為什麼還那麼快樂？你是否有一個無價寶藏而不露呢？」

樵夫被商人的話逗得哈哈大笑：「我也不明白，你那麼富有怎麼還整天愁眉不展呢？」

商人哀傷地說：「我雖有錢，但我的家庭並不美滿，所以我時常感覺很孤獨。雖有家財萬貫，但卻覺得自己是一個窮光蛋。我能被快樂圍繞嗎？」

樵夫若有所思地說道：「我雖然沒有你那麼多的財富，但我卻能時刻感覺到幸福的甘甜，因為我的家人都是我的靠山，所以我經常被快樂包圍。」

商人問道：「那你一定有一個賢良淑德的好妻子？」

「沒有，我還是個光棍。」樵夫回答說。

「那麼，你一定有一個心儀的姑娘，而且你們倆人的感情非常深厚。」商人肯定地說。

「也沒有。不過，我的生活中的確有一件東西讓我快樂無比，我將那視為人生的一個最珍貴的寶物，因為是那位姑娘送給我的。」樵夫說。

「是什麼樣的禮物讓你如此珍惜？是姑娘送給你的定情信物、一個熱情的吻，還是……」商人好奇地問。

「是那個美麗的姑娘在離開這個城市之前，對我投來了含情脈脈的一瞥！儘管我與她從來沒有交談過。」樵夫幸福地說道。

商人張大了嘴巴，不敢相信樵夫竟然為了那一瞥而幸福成這個樣子，於是就對樵夫說：「難道這一點就值得你滿足了嗎？」

樵夫默默地點點頭，商人若有所思地走了。

生活中，讓人們感到快樂的事情有很多，關鍵看你是否把它放在心上，是否去珍惜。

清心自在

商人雖然擁有財富，但卻生活在地獄之中，樵夫雖然清貧，卻生活快樂得猶在天堂。天堂和地獄都在人們的心裡，不過是一念之間，只要你把你的目光和心放在讓你快樂的事情上，放在事物好的一面，懂得知足和感恩，那麼，你每天都可以生活在天堂裡。

02

放下包袱

求心不歇即無事。

修禪定的人，在生活中與一般人是大異其趣的。同樣是吃飯，同樣是睡覺，為什麼給人感覺會有不同呢？且看一位禪師與一位世俗人的對話：「禪師，你用功參禪打坐，是在修行嗎？」

「是的！」

「你用的是什麼方法呢？」

「餓了就吃，睏了就睡。」

「任何人都是這樣做的，他們是否也可以說跟你一樣，算是修行呢？」

「不。」

「為什麼？」

「因為他們吃的時候並不是在吃，而是在想各種各樣的事情，從而使自己被擾亂。當他們睡覺的時候也不是在睡，而是做夢，想許多事情，所以他們與我不同。」

懂得修習禪定的人，首先要做到排除雜念。所謂萬法歸一，就是把許許多多的雜念收縮到一個點上，就在這一念集中處，尋找究竟。所以說，禪師在吃飯、睡覺的時候，雜念都被排除了。

臨濟宗一位禪師有句名言：「無事是貴人，但卻莫做作。」在日常生活中，往往用「無事」這句話，以表示「安然無恙」的意思。但在禪語中，卻具有另一種特殊的含義。從禪者的本意來說，是指不求佛，不求道，以及不向外求人的一種心理狀態。即臨濟禪師所說的：「求心不歇即無事！」

在現實生活當中，幾乎人人都有不同的煩惱。在佛典中，經常會見到「煩惱即菩提」這句話，是指人們可以透過心的鍛鍊，培養出剛直、純真的人性，因此不必向外求，不要光談理論，而要親身去體驗實際的感覺與情境。

其實，人生眾多的煩惱都是我們自己強加上去的，佛之所以沒有煩惱是因為他把所有的東西都放下了，包括金錢、名聲、色相、爭執等等，當然自身也就會輕輕鬆鬆、開開心心的。

一個年輕人背著個大包裹千里迢迢跑來找無際大師，說：「大師，我是那樣的孤獨、痛苦和寂寞，長期的跋涉使我疲倦到了極點；我的鞋子破了，荊棘割破了雙腳；手也受傷了，流血不止；嗓子因為長久的呼喊而沙啞……為什麼我還不能找到心中的目標？」

大師問：「那麼，你的大包袱裡裝的什麼呢？」

年輕人說：「它對我可重要了。裡面裝的是我每一次跌倒時的痛苦，每一次受傷後的哭泣，每一次孤寂時的煩惱……靠它，我才走到您這裡。」

於是，無際大師帶著年輕人來到河邊，他們坐船過了河。上岸後，大師說：「你扛著船趕路吧！」

「什麼？扛著船趕路？」年輕人很驚訝，「它那麼重，我扛得動嗎？」

「是的，孩子，你扛不動它。」大師微微一笑，說：「過河時，船是有用的。但過了河，我們就要放下船趕路，否則，它會變成我們的包袱。痛苦、孤獨、寂寞、災難、眼淚，這些對人生都是有用的，它能使生命得到昇華，但須臾不忘，就成了人生的包袱。放下它吧！孩子，生命不能太負重！」

年輕人放下包袱，繼續趕路，他發覺自己的步子輕鬆而愉悅，也比以前快得多了。

清心自在

我們很多人都背著沉重的包袱過日子，這使我們痛苦不堪，要想擺脫煩惱，快樂起來，最好的辦法就是放下包袱。修禪定的人同樣是在吃、喝、睡覺、生活，但卻沒有煩惱，這是因為他們懂得放下的樂趣。

03 從容是知足常樂智慧

一件事，想通了是天堂，想不通就是地獄。既然活著，就要活好。

盤邦禪師說禪時，各宗各派以及各個階層的人都欣然受教。他說的法既不引經據典，也不沉迷於學術討論，他的話是從心底流出的。

盤邦禪師的聽眾愈來愈多，結果激怒了日蓮宗的一位法師，因為這位法師的信徒全都跑到盤邦這兒來聽禪了。

這位法師是個以自我為中心的人，心裡很不服氣，決定到盤邦的寺院找他辯論，一決雌雄。

「盤邦禪師，聽說來這兒聽法的無人不崇拜你，服從你，而像我這樣的人就不服你，你能使我服從嗎？」

「到我旁邊來，我可以做給你看。」盤邦不動聲色地答道。

這位法師昂然推開眾人，走向前去。

「到我左邊來。」盤邦微笑著說道。

法師走到了他的左邊。

「你最好到右邊來，我們也許可以靠得更近一些。」

法師傲然地向前跨了一步，又走到了盤邦的右邊。

盤邦平靜地說道：「你瞧，你已在服從我了，因此我想你是一位非常隨和的人。」

無論遇到什麼事，我們都可以採取兩種截然不同的方法處理。一種是寸步不讓，據理力爭；另一種是開懷一笑，從容面對。前者看似精明，後者實則大氣。

比如，在有些人那裡，別人說的話，他們喜歡句句琢磨，對別人的過錯更是加倍抱怨；對自己的得失喜歡耿耿於懷，對於周圍的一切都易於敏感，而且總是曲解和誇張外來訊息。這種人其實是在用一種狹隘、幼稚的認知方式，為自己營造著可怕的心靈監獄，這是十足的自尋煩惱。他們不僅使自己活得很累，而且也使周圍的人活得很無奈，於是他們給自己編織了一個痛苦的人生。

從容就是別總拿什麼都當回事，別去鑽牛角尖，別太要面子，別事事「較真」、小心眼；別把那些微不足道的雞毛蒜皮的小事放在心上；別過於看重名與利的得失；別為一點小事而著急上火，動輒大喊大叫，以至因小失大，後悔莫及；別那麼多疑敏感，總是曲解別人的意思；別誇大事實，製造假想敵；別把與你愛人說話的異性都打入「第三者」之列；也別像林黛玉那樣見花落淚、聽曲傷心、多愁善感，總是顧影自憐。要知道，人生有時真的需要一點大氣。

從容面對生活的人，是超越了自我的人，也是活得瀟灑的人。因為免了瑣事的羈絆和纏繞，也就使自己獲得了解放，自有一片自由的天地任你馳騁。

清心自在

人生應該有這樣的境界：心胸如海，吸納百川，潮起潮落，自強不息，不以物喜，不以己悲，從容面對世間一切榮辱得失、悲歡離合、愛恨情仇。這樣，你就可以進入自由的境界，沒有什麼東西可以阻礙你。

04 保持一顆寧靜的心

真正懂得修行的人，無處不是禪，無處不是佛，無處不是寧靜祥和。

有位虔誠的女施主，每天都從自家的花園裡採擷鮮花到寺院供佛。一天，當她送花到佛殿時，碰巧遇到無德禪師從法堂出來，無德禪師非常欣喜地說道：「你每天都這麼虔誠地以香花供佛，根據佛家經典記載，常以香花供佛者，來世當得莊嚴相貌的福報。」

女施主非常高興地回答道：「這是應該的，我每次來您這裡禮佛時，覺得心靈就像洗滌過似的清涼，但回到家中，心就煩亂了。作為一個家庭主婦，如何在煩囂的塵世中保持一顆清淨純潔的心呢？」

無德禪師反問道：「妳以鮮花獻佛，對花草總有一些常識，我現在問妳，妳如何保持花朵的新鮮呢？」

女施主答道：「保持花朵新鮮的方法，莫過於每天換水，並且在換水時把花梗剪去一截，因為這一截花梗已經腐爛，腐爛之後水分不易吸收，花就容易凋謝！」

CHAPTER .1

心不動，人不妄動，不動則不傷

無德禪師說：「其實，保持一顆清淨純潔的心，道理也是一樣的。我們的生活環境就像瓶裡的水，我們就是花，唯有不停淨化我們的身心，變化我們的氣質，並且不斷地懺悔、檢討，改掉陋習、缺點，才能不斷吸收到大自然的食糧。」

信徒聽後，作禮感謝道：「謝謝禪師的開示，希望以後有機會親近禪師，過一段寺宇中禪者的生活，享受晨鐘暮鼓，菩提梵歌的寧靜。」

無德禪師說：「妳的呼吸就是梵歌，脈搏跳動就是鐘鼓，身體就是寺宇，兩耳就是菩提，無處不是寧靜，又何必等機會到寺宇中生活呢？」

看來，對於真正懂得修行的人，無處不是禪，無處不是佛，無處不是寧靜祥和，而對一般的俗眾，保持一顆平和心也是非常重要的。

從前，有兩位莊戶人家，一家的牛吃草過界，糟蹋了另一家的莊稼，兩人便吵了起來各不相讓，最後還打了起來，互相扯著對方進了縣衙。

剛好縣太爺心情不好，也不問青紅皂白，驚堂木一拍，喝令兩人將縣衙門外捕快們練功用的石碌碡，合力扛回村去回來再告狀。

兩人面面相覷，可是要對付兩三百斤重的石碌碡，還真得要齊心協力。儘管如此，只搬到公路上，兩人就已筋疲力盡。坐在路邊的樹蔭下，一陣南風吹來，兩人如醍醐灌頂，幡然醒悟。遂租來一輛馬車，將那石碌碡送回縣衙，悄然息訟，攜手而歸。

還有一個故事：

某甲受人誹謗，感到名譽受損，便帶一把殺豬刀去找誹謗者算帳。途經長長的河堤，一路垂柳拂岸，白浪逐沙，水鳥在木船上盤旋，在碧藍的天空倒映下，河流彷彿玉帶輕盈飄動……為眼前的美麗景致所吸引，某甲步伐漸漸地慢下來，後來乾脆坐在草坡上折一枝柳條做笛，吹奏著放牛小調。

全然忘記了腰間還藏著尖刀，忘記了此行的目的。

清心自在

自然的美景平息了心頭的怒火，理智壓退了癲狂。然而，世間事並不會總那麼巧，遇到安寧的環境來平息心頭怒火，如果正趕上陰天怎麼辦？也沒有垂柳拂岸、白浪逐沙，只有波濤洶湧、殘花敗柳。這個時候，就需要我們在自己內心中尋找一份安寧。這種安寧也能平息心頭怒火，化干戈為玉帛。

05 快樂是自己的事

世上本無事，庸人自擾之。

四祖道信禪師還未悟道時，曾經向三祖僧璨禪師請教。

道信虔誠地請求道：「我覺得人生太苦惱了，希望您指引給我一條解脫的道路。」

三祖僧璨禪師反問道：「是誰在捆綁著你？」

道信想了想，如實回答道：「沒有人綁著我。」

三祖僧璨禪師笑道：「既然沒有人捆綁你，你就是自由的，就已經是解脫了，你何必還要尋求解脫呢？」

後來，石頭希遷禪師在接引學人時，將這種活潑機智的禪機發揮到了極致。

有一個學僧問希遷禪師：「怎麼才能解脫呢？」

希遷禪師回答：「誰捆綁著你？」

學僧又問：「怎麼樣才能求得一方淨土呢？」

希遷禪師回答道：「誰污染了你？」

學僧繼續追問道：「怎麼樣才能達到涅槃永生的境界呢？」

希遷禪師回答：「誰給了你生與死？誰告訴你生與死有區別？」

學僧在希遷禪師的步步逼問之下，開始迷惑不解，繼而恍然大悟。煩惱是自找的，沒有誰能把煩惱強加給你。同樣，快樂也是你自己的事，沒有誰能夠把它奪去。

清心自在

世上本無事，庸人自擾之。生活中，很多人往往會自尋煩惱，自己為自己套上枷鎖，因此弄得自己疲憊不堪。我們應該學會解除這些束縛，為自己減壓，讓自己活得輕鬆、活得快樂。

06

放下是一條解脫之道

春有百花秋有月，夏有涼風冬有雪；若無閒事掛心頭，便是人間好時節。

佛陀在世時，有一位名叫黑指的婆羅門，拿了兩個花瓶，來到佛陀的座前，想把這兩個花瓶獻給佛陀。

佛陀對黑指婆羅門說：「放下！」

婆羅門把他左手拿的那個花瓶放下。

佛陀又說：「放下！」

婆羅門又把他右手拿的那花瓶放下。

然而，佛陀還是對他說：「放下！」

這時黑指婆羅門說：「我已經兩手空空，沒有什麼可以再放下了，請問現在您要我放下什麼？」

佛陀說：「我並沒有叫你放下你的花瓶，我要你放下的是你的六根、六塵和六識。當你把這些統統放下，再也沒有什麼了，你將從生死桎梏中解脫出來。」

黑指婆羅門抓了抓自己的腦袋，心想：我真愚昧啊！我到這裡來的目的就是為了這個「放下」，為了精神的解脫啊！

人們之所以煩躁、不安，甚有時候還會狂亂，最根本的原因就是精神的束縛，放下了，才能使精神得到解脫。

有一個吸毒的囚犯，被關在牢獄裡，他的牢房空間非常狹小，住在裡面不自在又不能活動。他的內心充滿著憤慨與不平，倍感委屈和難過，認為住在這麼一間小囚牢裡，簡直就是人間煉獄，所以他每天就這麼怨天尤人，不停地抱怨著。

有一天，這個小牢房裡飛進來一隻蒼蠅，嗡嗡叫個不停，到處亂飛亂撞。他心想：我已經夠煩了，又加上這討厭的傢伙，實在氣死人了，我一定非捉到你不可！

囚犯小心翼翼地捕捉，無奈蒼蠅比他更機靈，每當快要捉到牠時，牠就輕盈地飛走了。蒼蠅飛到東邊，他就向東邊一撲；蒼蠅飛到西邊，他又往西一撲。捉了很久，還是無法捉到牠。他這才慨歎地說，原來我的囚房不小啊！居然連一隻蒼蠅都捉不到，可見蠻大的嘛！此時他悟出一個道理，心中有事世間小，心中無事一床寬。

所以說，心外世界的大小並不重要，重要的是我們自己的內心世界。一個胸襟寬闊的人，縱然住在一個小小的囚房裡，亦能轉境，把小囚房變成大千世界；如果

一個心量狹小、不滿現實的人，即使住在摩天大樓裡，也會感到事事不能稱心如意。

正如無門禪師所說：「春有百花秋有月，夏有涼風冬有雪；若無閒事掛心頭，便是人間好時節。」我們每個人，不要常常計較環境的好與壞，要注意內心的解脫與寬容，內心的世界是非常重要的。

清心自在

人生在世，有太多的東西放不下，有了功名，就對功名放不下；有了金錢，就對金錢放不下；有了愛情，就對愛情放不下；有了事業，就對事業放不下……這些重擔與壓力，使很多人生活得非常艱苦。在必要的時候，放下不失為一條解脫之道。

07

「偷」來快樂

真正持久從容的快樂，只在一個地方，那就是我們的心上。

石屋禪師雲遊的時候，在路上碰到一位陌生人，談得很投機，眼看天色已晚，兩人決定一同到旅館裡住宿。

半夜，石屋禪師被房間裡一陣窸窸窣窣的聲音驚醒，就問他的同伴：「天亮了嗎？」

對方回答：「沒有，現在仍是深夜。」

石屋心裡起了疑心，於是問道：「你到底是誰？」

對方坦率地回答：「老實告訴你吧，我是一個小偷！」

石屋平靜地說：「喔！原來是小偷，你前後偷過幾次？」

小偷：「那我可記不清了。」

石屋：「你每偷一次東西，能高興多久？」

小偷：「那要看偷的東西價值多大！」

石屋：「比如偷到價值連城的珠寶吧，你能夠高興多久？」

小偷：「當時當然欣喜若狂，但是過後仍然不快樂。」

石屋：「原來你只是個區區小賊，為什麼不大大地做一次呢？」

小偷很高興，以為遇到了知音，急忙請教道：「你是此中高手吧？你一共偷過幾次？」

石屋：「只有一次。」

小偷很失望：「只有一次呀，這樣哪夠用呢？」

石屋：「就這一次，足以令人畢生受用不盡。」

小偷大喜，迫不及待地問道：「這東西是在哪裡偷的？能教我嗎？」

石屋禪師一把抓住那人的胸部，大聲說道：「就在這裡，你的心！這就是無窮無盡的寶藏，你將你的所有能力奉獻在此事業上，一定會畢生受用不盡，你懂嗎？」

小偷：「你說得我好像懂，又好像不懂，這種感受我說不出來，可是卻讓人很舒服。」

小偷深深後悔自己偷竊的行為，最後皈依石屋禪師門下，做了一個禪者。

長久的快樂在哪裡？在錢、財、名、利那裡嗎？

不！它們也許能夠給我們短暫的刺激。真正持久從容的快樂，只在一個地方，那就是我們的心上。

在天堂上的某一天，上帝和天使們召開一個腦力激盪會議。

上帝說：「我要人類在付出一番努力之後才能找到幸福快樂，我們把人生幸福快樂的祕密藏在什麼地方比較好呢？」

有一位天使說：「把它藏在高山上，這樣人類一定很難發現，非得付出很多努力不可。」

上帝聽了搖搖頭。

另一位天使說：「把它藏在大海深處，人們一定發現不了。」上帝聽了還是搖搖頭。

又有一位天使說：「我看哪，還是把幸福快樂的祕密藏在人類的心中比較好，因為人們總是向外去尋找自己的幸福快樂，卻從來沒有人會想到在自己身上去挖掘這幸福快樂的祕密。」

上帝對這個答案非常滿意。

從此，這幸福快樂的祕密就藏在了每個人的心中。

清心自在

每個人都已經具備使自己幸福快樂的資源，像謙虛、合作精神、積極的態度，還有愛心。這些快樂的特質幾乎都可以在每個人的身上找到，只是許多人沒有把這些「快樂的資源」運用好而已。

08 愛的責任

愛是萬緣之根，責任是愛的基石。

一個叫張拙的秀才來參訪西堂藏禪師，問了一個問題：「山河大地，是確實存在的嗎？還是根本不存在？三世諸佛，是確實存在的嗎？還是根本不存在？」

西堂藏禪師毫不猶豫地回答說：「確實存在。」

張拙不以為然地說：「禪師恐怕錯了吧？」

西堂平靜地問：「怎麼說？你可曾參見過什麼高人嗎？」

張拙得意地說：「我曾參見過徑山禪師，問了同樣的問題，逕山禪師說都不存在。」

西堂岔開了話題，問道：「施主你有沒有妻子家屬？」

張拙說：「有。有妻子及兩個頑皮的兒子。」

西堂又問：「徑山禪師有幾個家屬？」

張拙笑道：「禪師說笑了，當然是沒有。和尚哪裡來的妻子家屬呢？」

西堂也笑著說：「如果你像徑山禪師那樣剃髮當和尚，我也會告訴你山河大地、三世諸佛都不存在。」

張拙明白了其中的道理，俯首禮謝而去。

一加一等於二，對嗎？不對嗎？

在特定的條件下，同一個問題從不同的角度來看，可以有不同的答案。和尚無牽無掛，自然可以一切皆空；凡夫有妻有子，則必須承擔愛的責任。愛的責任不是一種負擔，而是一種享受。

一位印度教徒，步行到喜馬拉雅山的聖廟朝聖。路途非常遙遠，山路非常難行，空氣非常稀薄，他雖然攜帶很少的行李，但是沿途走來，還是覺得舉步艱難，氣喘如牛。

教徒走走停停，不斷向前遙望，希望目的地馬上出現在眼前。這時就在上方，他看到一個小女孩，年齡不過十歲，背著一個胖胖的小孩，也正在緩緩向前移動。她喘氣喘得很厲害還一直流汗，可是雙手仍是緊緊呵護著背上的小孩。

印度教徒經過小女孩的身邊，很同情地對小女孩說：「我的孩子，妳一定很疲倦，背那麼重。」

小女孩聽了很不高興地說：「你背的是一個重量，但我背的不是一個重量，他是我弟弟。」

有了所愛的人，就有了牽掛，有了責任，不要把這種責任當成一種沉重的包袱，而是當作一個快樂的源泉，這樣，你的愛就會更加堅固。

清心自在

佛家倡導自然天性，其實愛也是人類的本能，沒有愛，人類就無法繁衍，沒有愛，人類就無法文明進步。面對愛，我們有責任，也有權力。享受愛的責任，做一個快樂的人。

09
心境不同

撥開世上塵氛，胸中自無火焰冰競；消卻心中鄙吝，眼前時有月到風來。

鏡虛禪師帶著弟子滿空雲遊四方，滿空出家不久，還不習慣這樣辛苦地在外面行走。他一路上嘀嘀咕咕，嫌行囊太重，要求找個地方歇會兒。

鏡虛禪師總是說：「再走一會兒吧，再走一會兒吧！」就是不歇，反而越走越快，滿空在後面追趕得氣喘吁吁。

有一天，師徒倆走了好長一段山路後，經過一個村莊，滿空說：「師傅！累死人了，現在可以休息一下了吧？」正在這時，一個婦女迎面走來，鏡虛突然跑過去，抓住那個婦女的雙手，那個婦女嚇了一大跳，立即尖聲大叫：「救命啊！非禮啊！老和尚非禮啊！」

婦女的家人和鄰居聽到聲音急忙趕出來，果然看到鏡虛在拉扯婦女，都義憤填膺，齊聲喊打。鏡虛見勢不妙，趕緊鬆手，不顧一切地撒腿就跑。滿空被這突然的變故嚇呆了，愣了好一會才反應過來，背起行囊飛似的跑起來！

師徒倆一路狂奔，一刻也不敢停，跑了幾條山路，見後面沒人追來，看來已經擺脫他們了，二人才在附近的一條山路邊上停下來。滿空擦了擦額頭上的汗，憤憤不平地埋怨道：「師父！沒想到您還會這樣，您安的是什麼心啊？這也算參禪悟道嗎？我還是回家去吧！」鏡虛禪師既不生氣，也不解釋，他只是回過頭來關切地問：「現在，你還覺得背上的行囊重嗎？」

滿空如實回答道：「奇怪，奔跑的時候，一點都不覺得重了。」

滿空看著師傅殷切的眼神，突然間有所領悟。

心境不同，感受也就不同。在奔跑過程中，由於驚慌，滿空根本沒有時間考慮背上的重量，所以就很輕鬆。在生活中也一樣，我們如果選擇一種安寧平和的心境，就不會有那麼多煩惱了。

清心自在

所謂心境，其實就是對待生活、對待人生的一種態度，樂觀的心境成就快樂的人生，悲觀的心境造成陰鬱的人生。聰明的你，是選擇樂觀呢，還是選擇悲觀？

CHAPTER.2

命由己造，相由心生

命運永遠掌握在自己手中，不要用抗拒心面對命運，
面對逆境，而要用無住無相的心面對生活，面對人生。

Smile

01 生命經不起消耗

努力才是一個人的幸運之星，一個人不該把時間浪費在卜卦和選擇黃道吉日上，生命不容消耗。

釣魚人看見一個老和尚在凜冽的寒風中過河。老和尚把自己脫得一絲不掛，然後頂著衣服一步一步走下水去。

釣魚人喊住老和尚說：「師傅，上游有橋。」

老和尚說：「知道。」

釣魚人說：「師傅，下游有渡。」

老和尚還說：「知道。」

但老和尚沒有回來，他一步一步遠去，在呼嘯的寒風中走向對岸。

在老和尚之前和老和尚之後，有無數青年也要過河，但到河邊他們就停下了。他們問釣魚人附近有橋嗎？釣魚人說：「上游十里有橋，下游十里有渡。」

年輕人聽了，立即離開河邊，或上或下繞道而去。

有一個人或許嫌路遠，沒走，他脫了鞋，一步一步走進水裡。當冰冷的河水沒

過膝蓋時，那人停住了，繼而，又一步一步回到岸上，穿好鞋離開河邊繞道而去。

生命經不起消耗。那些年輕人，他們在繞道十次、二十次甚至一百次，一千次以後，他們會發現自己也老了。繞道而行不如直擊困難，因為一個人短短幾十年的生命就是在這樣繞來繞去中被消耗殆盡的。

清心自在

每個人遇到困難時無非有兩條路，一個是迎難而上，一個是知難而退。前者可能失敗，但後者卻永遠不會成功。對於這個世界來說，人類幾十年的生命實在太短暫了，眨眼之間一個十年。所以，生命容不得浪費，只有在不斷克服一個個困難之中，我們才能實現自己的價值。

02

驕傲者吃大虧

能夠把自己壓的低低的，那才是真正的尊貴。

從前，森林裡住著一隻美麗又驕傲的小母雞。一天，溫暖的陽光照耀著大地，涼爽的清風吹過了每棵樹木。驕傲的小雞偷偷地走出家門，來到河邊。牠看見一隻可愛的小鴨子，在水中反覆地練習媽媽教的游泳本領，雖說動作不是太標準，但是牠卻是認認真真地訓練著。望著小鴨子的姿勢，小雞捧腹大笑。

小鴨子奇怪地問：「小雞妹妹，你為什麼笑我呢？」

「游泳都不會，就會擺擺姿勢，也不害臊，哈哈哈……」

「誰說我不會，」小鴨子憤怒地答道：「我們鴨子天生就會游泳。今天，我只是為了訓練好游泳的基本姿勢，為長大後的比賽打好基礎。你今天沒有資格笑我，我才可以笑你是隻不會游泳的『旱鴨子』呢！」

驕傲自滿的小雞可不認輸，趾高氣揚地說：「誰說我們小雞不會，今天我就露兩手給你瞧瞧，你看著。」說完，小雞便大搖大擺地來到岸邊，「撲咚」一聲，跳進水裡。

沒一會兒，小鴨子就看到前方有一個載浮載沉的小腦袋，不時傳來陣陣「救命……救命……」的呼救聲。小鴨子知道是小雞，連忙游到小雞的身後，用一隻翅膀把牠的腦袋拖出水面，另一隻翅膀配合雙腳，不停地向岸邊游去。

終於，奄奄一息的小雞被小鴨子救上了岸。

小鴨子拍拍小雞的脊背，心平氣和地說：「小雞呀，不會游泳千萬不要逞強，否則最終吃虧的還是自己！」

小雞慚愧地低下了高傲的頭。

這是一則講給小孩子聽的童話，目的是教育孩子們做任何事情都不可驕傲自滿，教他們明白「虛心使人進步，驕傲使人落後」這個真理。孩子的心靈單純，可以用童話來引導，但成年人心思複雜，僅僅用童話是難以說服的，往往需要禪師的棒喝來醍醐灌頂。

宋代大學士蘇東坡的才學名揚天下，自古文人恃才傲物，才學卓絕的他自然有些自滿，因而也就吃虧了。

蘇東坡一生好佛，自有些禪思後，對佛理禪學自視更高。有一天，蘇東坡聽說荊南玉泉寺的主持承皓禪師禪風犀利高銳，機鋒深妙難觸，心中極為不服。他覺得自己走遍天下，與許多高僧切磋探討過，不覺得有人比自己更高明的，便決定微服求見，以試承皓禪師的禪功。

侍者見一普通百姓極其無禮地表示要見寺主，便把他攔住，蘇東坡就在寺院外大聲嚷嚷起來。吵嚷之聲驚動了承皓禪師。承皓禪師便走出方丈室，問明緣由，再很客氣地請蘇東坡到堂間用茶。

初見面，蘇東坡便開始提問：「聽說禪師功高，請問禪悟是什麼？」

承皓禪師不答反問：「請問尊宮貴姓？」

蘇東坡不自覺地整整衣衫，暗想：「這和尚好眼力。」他慢慢地品了一口茶，說：「姓秤！能秤天下長者有多重的秤！」回以機鋒的蘇東坡，自覺高明，得意不已。

承皓隨即大喝一聲，說道：「請問這一喝有多重？」

蘇東坡無言以對，心悅誠服，禮拜而退。

清心自在

佛家講究脫離三界，講究眾生平等，眾生既平等，就不能自認為自己高人一等，就不能對他人存有輕視、蔑視的心理。

一個人不可沒自信，但切莫自信過了頭，成了自滿，成了驕傲。一旦驕傲自滿，自視過高，便會輕視他人，而輕視他人，就一定會讓自己吃虧。只有那些謙遜的人，才能勇敢接納他人的批評意見，才能不斷自我超越，成為真正的智者。

03
心生慈悲，處處都是菩薩

思量人間的善事，心就是天堂；思量人間的邪惡，就化為地獄。

慧能禪師見弟子終日打坐，有一次便問道：「你為什麼終日打坐呢？」

弟子回答：「我參禪啊！」

慧能禪師說：「參禪與打坐完全不是一回事。」

弟子回答：「可是你不是經常教導我們要守住容易迷失的心，清淨地觀察一切，終日坐禪不可躺臥嗎？」

慧能禪師說：「終日打坐，這不是禪，而是在折磨自己的身體。」

弟子糊塗了。

慧能禪師緊接著說道：「禪定，不是整個人像木頭、石頭一樣的死坐著，而是一種身心極度寧靜、清明的狀態。離開外界一切物相，是禪；內心安寧不散亂，是定。如果執著人間的物相，內心即散亂；如果離開一切物相的誘惑及困擾，心靈就不會散亂了。我們的心靈本來很清淨安寧，只因為被外界物相迷惑困擾，如同明鏡

蒙塵，就活得愚昧迷失了。」

弟子躬身問道：「那麼怎麼樣才能祛除妄念，不被世間之事所迷惑呢？」

慧能禪師說道：「思量人間的善事，心就是天堂；思量人間的邪惡，就化為地獄。心生毒害，人就淪為畜生；心生慈悲，處處都是菩薩；心生智慧，無處不是樂土；心裡愚癡，處處都是苦海了。」

弟子終於有所醒悟。

正如慧能禪師所說，整天想著人世間的善，自己便活得開心，像天堂一般；反之，如果整天想著人間的邪惡，那麼自己也會鬱鬱寡歡，如同在地獄一般。參禪如此，人生也是如此。

有一個名叫美美的女孩，出嫁之後跟丈夫和婆婆住在一起。然而婚後美美就發現她根本無法與婆婆相處。美美經常被婆婆的一些生活習慣搞得很生氣，不僅如此，婆婆還不斷地苛責她。

日子一天一天過去了，美美和婆婆沒有一天能停止爭吵。日久天長，家中所有的憤怒和不快越積越多，美美可憐的丈夫夾在當中，也痛苦不堪。

後來，美美再也忍受不了婆婆的壞脾氣，她決定自救。她找了父親的一位老朋友，賣中藥的黃先生。她將自己的處境告訴了對方，並向他要了一些毒藥，這樣她就能一了百了，把所有的問題都解決掉。黃先生想了一會兒，說：「我可以幫妳，但妳必須聽我的話，按照我的要求去做。」美美說：「好的，黃叔叔，我會遵照你說的每一個字去做。」

黃先生進了裡屋，幾分鐘後他拿出一包草藥，告訴美美：「妳不能用效果快的毒藥除掉妳婆婆，那樣會讓人懷疑妳。所以我給妳的幾種中藥都是慢性的，毒性會在妳婆婆體內慢慢累積。妳天天都要做些雞鴨魚肉之類給她吃，再放少量的毒藥在她的菜裡面。還有，為了讓別人在她死的時候不至於懷疑妳，妳必須對她恭恭敬敬，不要和她爭吵，對她言聽計從，對待她像對待一個王后。」美美滿口答應，她太高興了。

美美謝過黃先生，急忙趕回家，開始實施謀殺婆婆的計劃。幾個星期過去，幾個月也過去了，每一天，她都精心烹製有毒藥的飯菜伺候婆婆。她記得黃先生說過的話「要避免引起懷疑」，因此她控制自己的脾氣，什麼事都服從婆婆，對待婆婆就像對待自己的親生母親一樣。

半年過去了，整個家都變了樣。美美將自己的情緒控制得很好，她發現自己幾乎不曾動怒，更不會像以前那樣被婆婆的言行氣得發瘋。半年裡她沒有跟婆婆發生過一次爭執，婆婆在她的眼中也比以前和善得多，容易相處得多了。

婆婆對美美的態度也改變了，她開始像愛自己的女兒一樣愛美美。她不停地向鄰里街坊和親戚朋友誇美美，說她是天底下難得的最好的兒媳婦。美美和她的婆婆現在真的像親母女一樣和睦相處了，看到這一切，美美的丈夫也由衷地高興。

一天，美美又去見黃先生，再次尋求他的幫助。她說：「黃叔叔，請幫我制止那些毒藥的毒性別讓我的婆婆被毒死，她已經變成一個好女人，我愛她像愛自己的母親一樣，我不想她因為我下的毒藥而死。」

黃先生頷首微笑，「美美，儘管放心好了，我從來沒給過你什麼毒藥，我給你的藥只不過是些滋補身體的草藥，只會增進她的健康。其實，唯一的毒藥在你的心裡，在你對待她的態度裡，但值得慶幸的是，那些毒藥已經被你給她的愛沖洗得無影無蹤了。」

清心自在

心生毒害，人就淪為畜生；心生慈悲，處處都是菩薩。當你懷著一顆惡毒的心對待這個世界的時候，這個世界也會以同樣的面目來對待你，當你懷著菩薩的慈悲之心對待他人時，他人也就把你當作可以親近的人。

04 自信的人無所不能

自己就是一座寶山。

溈山靈佑禪師正在打坐，弟子仰山禪師走了進來，溈山禪師覺得仰山修行得差不多了，就想考考他，便突然對仰山叫道：「喂！你快點說啊，不要等死了以後，想說也無法說了。」

仰山回答道：「我連信仰都不要了，還有什麼說不說？」

溈山禪師加重語氣問道：「你是相信了之後不要呢？還是因為不相信才不要呢？」

仰山回答：「除了我自己以外，還能相信什麼？」

溈山禪師不以為然地說：「如果是這樣的話，那也只是一個講究禪定的小乘罷了。」

仰山反應平淡：「小乘就小乘，我連佛也不要見。」

溈山又問：「四十卷《涅槃經》中，有多少是佛說的？有多少是魔說的？現在你所說的，是像佛說，還是像魔說？」

仰山想也不想地回答：「都是魔說的！」

靈佑禪師讚許地說：「以後沒有什麼人能糊弄得了你了！」

一個能把佛說成魔的出家人，只有具備了足夠的自信才能做到。其實，自信對於每個人都同樣重要，沒有自信，要想成功簡直是天方夜譚。

美國一位名叫喬治・赫伯特的推銷員，成功地把一把斧子推銷給了總統小布希。布魯金斯學會得知這一消息，把一隻刻有「最偉大推銷員」的金靴子贈予了他。這是自一九七五年以來，該學會的一名學員成功地把一台迷你錄音機賣給尼克森後，又一學員登上如此高的門檻。

布魯金斯學會以培養世界上最傑出的推銷員著稱於世。它有一個傳統，在每期學員畢業時，設計一道最能展現推銷員能力的實習題，讓學生去完成。柯林頓當政期間，他們就出了這麼一個題目：請把一條三角褲推銷給現任總統。八年間，有無數個學員為此絞盡腦汁，可是，最後都無功而返。柯林頓卸任後，布魯金斯學會又把題目換成：請將一把斧子推銷給小布希總統。

鑑於前八年的失敗與教訓，許多學員都知難而退，有些學員甚至認為，這道畢

業實習題會和柯林頓當政期間一樣毫無結果，因為現在的總統什麼都不缺少，再說即使缺少，也用不著他們親自購買。

然而，喬治・赫伯特卻做到了，並且沒有花多少工夫。一位記者在採訪他的時候，他是這樣說的：我認為，把一把斧子推銷給小布希總統是有可能的，因為布希總統在得克薩斯州有一農場，裡面長著許多樹。於是我寫了一封信給他，說：有一次，我有幸參觀您的農場，發現裡面長著許多大樹，有些已經死掉，木質已變得鬆軟。我想，您一定需要一把小斧頭，但是依您現在的體能來看，這種小斧頭顯然太輕，因此您仍然需要一把不甚鋒利的老斧頭。現在我這裡正好有一把這樣的斧頭，很適合砍伐枯樹。假若您有興趣的話，請按這封信所留的信箱，給予回覆……最後他就匯來了十五美元給我。

喬治・赤伯特成功後，布魯金斯學會在表揚他的時候說，金靴子獎已空置了二十六年。二十六年間，布魯金斯學會培養了數以萬計的推銷員，造就了數以百計的百萬富翁，這隻金靴子之所以沒有授予他們，是因為我們一直想尋找這麼一個人，這個人不因有人說某一目標不能實現而放棄，不因某件事情難以辦到而失去自信。

清心自在

和後退一樣，自信也是成功者一項必不可少的品質，其實這兩者並不矛盾，只有自信的人才能夠從容後退，才不會認為退一步就再也不能前進了。

自信不是自大，不是盲目，而是在理智基礎之上的從容，在從容步伐裡的睿智。

05

站起來做偉人

與其說是上帝創造了人類，不如說是人類創造了上帝。

有一個詩人跪在一尊高大的雕像前，虔誠地拜著。

他面露憂鬱，顯得無精打采。這時，一位雲遊四方的和尚來到他身旁。

詩人來不及站起身，激動地問：「今日有一事求教，請指點迷津。偉人何以成為偉人？比如說，像這尊雕像。」

和尚從容地說：「偉人之所以偉大，是因為我們跪著。」

「什麼？因為我們跪著？」

「是，站起來吧！你也可以成為偉人。」和尚打了一個站立的手勢。

「真的？」

「真的，與其執著拜倒，不如大膽超越。」

迷信乃至崇拜偶像，就會失去自我，甚至泯滅自己做人的個性和尊嚴。站起來，你才會發現自己的價值。

清心自在

有些人總是喜歡把別人當做標竿，別人怎樣他覺得自己就應該怎樣，似乎覺得和別人不同就是錯的，絲毫沒有自己的性格。

其實，真正成大事的人一定要敢於站起來，說出自己的想法，做自己想要做的事，否則你一輩子只能是一個庸人。

06 從小事做起

人間現實的生活就是靈性的訓練中心，訓練到任何東西都難不倒你，很難放下的也統統放下，我告訴你，你已經接近佛菩薩的境界了。

趙州從諗禪師，禪風恬淡樸實，人稱趙州古佛。

一天，有個未開悟的僧人問從諗禪師：「我每天都認真參禪打坐，一心一意地想要開悟，可為什麼總是達不到呢？」

從諗禪師說：「你喝粥了嗎？」

僧人回答：「我喝完了。」

從諗禪師說：「喝完粥了？那麼洗碗去吧！洗了碗就能找到自己了。」

對於悟者來說，一粥一飯莫不蘊含禪意；對於迷者來說，日常生活是其最大的障礙。那些真正偉大的人物，從來就不會蔑視日常生活中的各種小事情。即使常人認為很卑賤的事情，他們也都滿腔熱情地去做。

只要能一心一意的做事，世間就沒有做不好的事。這裡所講的事，有大事，也有小事，所謂大事小事，只是相對而言。很多時候，小事不一定就真的小，大事不一定就真的大，關鍵在做事者的認知能力。那些一心想做大事的人，常常對小事嗤之以鼻，不屑一顧。其實連小事都做不好的人，大事是很難成功的。

有位智者曾說過這樣一段話，他說：「不會做小事的人，很難相信他會做成什麼大事。做大事的成就感和自信心，是由小事的成就感累積起來的。可惜的是，我們平時往往忽略了它，讓那些小事擦肩而過。」

有做小事的精神，就能產生做大事的氣魄。不要小看做小事，不要討厭做小事。只要是有益於事業的，都要努力做好，用小事堆砌起來的事業大廈才是最堅固的，用小事堆砌起來的工作長城才是最牢靠的。

有位女大學生，畢業後到一家公司上班，只被安排做一些非常瑣碎而單調的工作，比如早上打掃，中午預訂盒飯。一段時間後，女大學生便辭職不幹了。她認為，她不應該蜷縮在「廚房」裡，而應該上「廳堂」。可是一個普通的職員，即使有很出色的見解，通常也要經過一段時間的磨練，最重要的是要努力做出能讓別人刮目相看的成績，這樣才能不被人忽視。

曾有一位人事部經理感歎道：「每次招聘員工，總會碰到這樣的情形：本科生與大專生、高職生相比，我們也認為本科生的素質一般比後者高。可是，有的本科生自詡為天之驕子，到了公司就想唱主角，強調待遇。別說挑大梁，真正找件具體工作讓他獨立完成，卻往往拖泥帶水，漏洞百出。本事不大，心卻不小，還瞧不起別人。大事做不來，安排他做小事，他又覺得委屈，埋怨你埋沒了他這個人才，不肯放下架子去做。我們招人是來做事的，不成事，光要那本科生的執照幹嘛？所以有時候，本科生、大專生、高職生相比之下，大專生、高職生反而更實際，更有用。」

這位經理所說的情況，在我們當今社會中實在是屢見不鮮。其實，這種情況並不是現在才有的，中國古代就有許多不甘於做小事，一心沉湎於大事的典故。

東漢時期，有一個叫陳蕃的人，年輕時獨居一室，日夜攻讀，打算做出一番驚天動地的大事。一日，他父親的朋友薛勤來訪，見庭院荒蕪，雜草叢生，紙屑滿地。便問他：「孺子何不灑掃以待賓客？」

他答道：「大丈夫處事，當掃除天下，安事一屋乎？」

薛勤說：「一屋不掃，何以掃天下？」

我們身邊是不是也有陳蕃那樣的人呢？他們總以為大丈夫處事當不拘小節，志在掃除天下，殊不知，大事皆由小事而成，小事不願做、不屑做、拒絕做，大事就只能成為空想。

心理學家告訴我們，意志品質的培養，是一個由弱到強、由低入高的過程。軍事上，積小勝可以為大勝；意志培養上，積小成也可以為大成。小事，一般人都不願意做。但成功者與碌碌無為者最大的區別，就是他願意做別人不願意做的事情。一般人都不願意付出這樣的努力，可是成功者願意，因此他獲得了成功。

清心自在

成功者有遠大的抱負是很重要的，但是在這個前提下，你要一步一腳印，踏踏實實做好每一件小事。吃得苦中苦，方為人上人，不要好高騖遠，整天坐等大事的來臨，否則你的一生就會在這樣的枯等中度過。

07 堅持才能成功

人忙心不盲，要有定力。

佛陀和他的侍者走在路上，感覺今日的陽光格外強烈。中午時候，佛陀飢渴難耐，便對侍者說：「剛才我們不是經過一條小河嗎？你去拿些水回來。」

侍者於是拿著盛水的容器去了，路並不很遠，他很快就找到了。但是他剛到那裡，就有一對商人騎著馬從那條小溪經過，溪水被他們弄得渾濁不堪，哪裡還能喝！於是他就轉身回去了，告訴佛陀說：「溪水被商人弄髒了，不能喝了，還是另外找條小溪吧！我知道前面就有一條小溪，而且溪水非常清澈，離這裡也不遠，大概就兩個時辰的路程。」

佛陀說：「我們離這條小溪近，而且我現在口渴難耐，為什麼還要再走兩個時辰的路，去找前面的那條小溪呢？你還是再去一趟剛才的那個小溪看看吧！」

侍者滿臉不悅地拿著容器又去了，心裡想：「剛才不是看了嘛！水那麼髒，怎麼能喝呢？現在又讓我去，豈不是浪費時間白跑一趟嗎？」

他中途決定不去了，於是就轉身走回來對佛陀說：「我都告訴你了，溪水已經被弄髒了，你為什麼還要我白跑一趟呢？」

佛陀什麼也沒有向他解釋，說道：「等一會兒你就知道了，你現在要做的只是順從，你肯定不會白跑的！」

侍者只好又去了，當他再次來到那條小溪旁的時候，看到溪水是那麼的清澈、純淨，泥沙早已不見了。

世間事就是如此，只要你堅持一下，就能品嚐到甘甜、清澈的溪水，而你一旦選擇放棄，則會被失敗的陰影所籠罩。

清心自在

行百里路半九十，其實生命中有很多次的坎坷，前面的只要慢慢累積就可以了，然而到了最關鍵的時候，也是最痛苦、最艱難的時候，有些人咬咬牙撐過去了，於是他看到了另一番風景，而那些承受不住壓力而選擇放棄的人，只能在失敗的陰影中徘徊。

08 相信自己

一個人心量有多大，事業就有多大；一個人心能容多少，成就就有多少。

一個老和尚在寺廟後面種了一大片玉米。

一個顆粒飽滿的玉米心想：「收穫那天，老和尚肯定先摘我，因為我是今年長得最好的玉米！」

可是收穫的那天，老和尚並沒有把它摘走。

「明天，明天他一定會把我摘走。」最好的玉米自我安慰著。

第二天，老和尚又收走了其他玉米，就唯獨沒有摘這個玉米。「明天，老和尚一定會把我摘走！」最好的玉米仍然自我安慰著。

但老和尚依然沒有來摘它。

一天又一天過去了，玉米已經開始絕望了，原來飽滿的顆粒變得乾癟堅硬，整個身體像要炸裂一般，它準備和玉米稈一起爛在地裡了。

可就在這時，老和尚來了，一邊摘下它，一邊說：「這可是今年最好的玉米，用它做種子，明年肯定能種出更棒的玉米！」

這則故事告訴我們，只要自己真有實力，就要耐得住寂寞，在遭受冷落的時候，以平和的心態繼續努力，而不是怨天尤人，或因此垂頭喪氣、萎靡不振。也就是說，要相信自己的實力，就是自信。自信的人永遠不會為外界的環境所困擾，因為他知道，一千個人有一千種觀點，別人的觀點並不一定就是對的。

一位禪師為了啟發門徒，給徒弟一塊石頭，叫他去蔬菜市場，並且試著賣掉這塊石頭很好看。師父說：「不要賣掉它，只是試著賣掉它。注意多觀察，多問一些人，然後只要告訴我在蔬菜市場它能賣多少錢。」

徒弟去了菜市場。在這裡，許多人看著石頭想：它可以作很好的小擺設，我們的孩子可以玩，或者我們也可以把它當作稱菜用的秤砣。於是他們出的價只不過是幾個小硬幣。徒弟回去後說：「它最多只能賣到幾個硬幣。」

師父說：「現在你去黃金市場，問問那兒的人。但還是不要賣掉它，光問問價。」從黃金市場回來，這個門徒很高興，說：「這些人太棒了。他們樂意出到一千塊錢。」師父說：「現在你去珠寶商那兒，但不要賣掉它。」

徒弟又去了珠寶商那兒。他簡直不敢相信自己的耳朵，他們竟然樂意出五萬塊錢，他不願意賣，他們繼續抬高價格——一直出到十萬。但是徒弟說：「我不打算賣掉它。」他們說：「我們出二十萬、三十萬，或者你要多少就多少，只要你肯賣！」徒弟說：「我不能賣，我只是問問價。」他心想：「這些人瘋了！」他自己覺得蔬菜市場的價已經足夠了。

徒弟回去了，師父拿回石頭說：「你現在明白了吧，自己的價值並不是讓別人來定的，而是由你自己來定的。當你認為自己是菜市場的價格，那麼幾枚硬幣也就賣了，而當你認為自己是一塊無價的寶石時，幾十萬你也不願意賣。」

清心自在

佛家說，自信自立是修行者的思想基礎。在很大程度上，你可以掌控自己的命運，決定自己的價值！堅信「天生我才必有用」，才能充分發展自我。

09

吃得苦中苦，方為人上人

沒有分別心叫做苦行，忍人所不能忍，行人所不能行，心地上用功夫，才叫做真的苦行。

一個屢屢失意的年輕人，千里迢迢來到普濟寺，慕名尋到老僧釋圓，沮喪地對他說：「人生總是不如意，活著也是苟且，有什麼意思呢？」

釋圓靜靜聽著年輕人的歎息，末了吩咐小和尚說：「施主遠道而來，燒一壺溫水送過來。」

不一會兒，小和尚送來了一壺溫水，釋圓抓了些茶葉放進杯子，然後用溫水沏了，微笑著請年輕人喝茶。杯子微微冒出水汽，茶葉靜靜浮著。年輕人不解地問：「寶剎怎麼用溫茶？」

釋圓笑而不語。年輕人喝了一口，細品之後，不由地搖搖頭：「一點茶香都沒有。」

釋圓說：「這可是閩地名茶鐵觀音啊！」

年輕人又端起杯子品嚐，然後肯定地說：「真的沒有一絲茶香。」

釋圓又吩咐小和尚：「再去燒一壺沸水送來。」

又過了一會兒，小和尚提著一壺冒著濃濃熱氣的沸水進來了。釋圓起身，又取過一個杯子，放茶葉，倒沸水，再放在茶几上。年輕人俯首看去，茶葉在杯子裡上下沉浮，絲絲清香不絕如縷，望而生津。

年輕人欲去端杯，釋圓作勢擋開，又提起水壺注入一線沸水。茶葉翻騰得更厲害了，一縷更醇厚更醉人的茶香裊裊升騰，在禪房瀰漫開來。釋圓這樣注了五次水，杯子終於滿了，那綠綠的一杯茶水，端在手上清香撲鼻，入口沁人心脾。

釋圓笑著問：「施主可知道，同是鐵觀音，為什麼茶味迥異嗎？」

年輕人思忖著說：「一杯用溫水，一杯用沸水，沖沏的水不同。」

釋圓點頭：「用水不同，則茶葉的沉浮就不一樣。溫水沏茶，茶葉輕浮水上，怎會散發清香？沸水沏茶，反覆幾次，茶葉沉沉浮浮，才會釋放出四季的風韻：既有春的幽靜、夏的熾熱，又有秋的豐盈和冬的清冽。世間芸芸眾生，也和沏茶一樣。不經過沸水的沖沏，再好的茶也沒有味道；不經過刻骨銘心的磨煉，再有才華的人也成不了大事。擺脫失意最好的方法就是苦練內功，提高自己的能力。」

年輕人茅塞頓開，回去後刻苦學習，虛心向人求教，不久就引起了周圍人們的重視，成就了一番事業。

水溫夠了茶自香，功夫到了事自成。要想獲得理想的人生，擺脫不受重視的狀態，最有效的方法就是在苦難中磨煉自己。

日本有位著名的禪師，他出道前曾在一位禪師門下，甘願做了二十年的挑水僧。因此「挑水」就成了他的法號。挑水禪師曾在幾個著名禪院參禪學道，可謂飽讀經書，遍參禪道。他所住持的禪院曾吸引了眾多信徒，但這些人往往不能吃苦耐勞，半途而廢者較多。挑水禪師對徒弟們非常失望，於是決定去四方雲遊。他解散了眾弟子，隻身一人行腳參學。此後幾年裡，誰也沒有見到過他。

五年後，挑水禪師的一位學僧在京都的一座橋下，偶然發現他正與一群乞丐生活在一起。這位學僧立即上前懇求挑水禪師給他開示，挑水禪師卻毫不客氣地對他說：「你不符合我開示的要求。」學僧問道：「怎樣才能符合你的要求呢？」挑水禪師道：「如果你能在橋下和我們一塊生活幾天，我也許可以教你。」

於是這位弟子便扮成乞丐模樣，與挑水禪師一起生活。第二天晚上，乞丐群中突然死了一個人，挑水禪師便和這位弟子於午夜時分，將乞丐屍體搬到山中掩埋，完事之後仍然回到橋下。挑水禪師一回來倒頭便睡，一直睡到天亮，但學僧卻輾轉反側，未能入眠。

天亮之後，挑水禪師對學僧說：「今天不必出去乞食了，我們那位死了的同伴還剩了一些食物在那邊，你去吃吧！」學僧看到那骯髒的碗盤，哪能嚥得下去。禪師看到他很為難的樣子，於是毫不客氣地說道：「我曾說過你無法跟我學習，你不能在這裡獲得快樂，還是回到你自己的天堂享受去吧，但不要把我的住處告訴別人，我這方淨土不希望有人打擾！」

學僧哭著跪在禪師面前，說道：「弟子沒有資格跟您學習，更無法受領您的開示。您珍重吧！老師！」

清心自在

吃得苦中苦，方為人上人。遍觀古今中外的成功人士，沒有誰輕輕鬆鬆就會取得突出成就的。

10 對不起的是你自己

操存要有真宰，無真宰則遇事便倒，何以植頂天立地之砥柱！

一位風燭殘年的上人想找一位優秀的關門弟子，他覺得城裡王姓少年很不錯，但不確定少年是否有足夠的勇氣和信心。於是，他來到少年家，對他說：「我的蠟燭所剩不多了，得另找一根接著點下去。你明白我的意思嗎？」

「明白，」少年急忙說，「您的思想光輝是該好好地傳承下去。」

「可是，」上人說，「我需要一位最優秀的弟子，他不但要有相當的智慧，還必須有充分的信心和非凡的勇氣……你幫我尋找和發掘一位好嗎？」

少年溫順地說：「好，我一定會竭盡全力去尋找的。」

以後的日子裡，勤奮的少年不辭辛勞地帶來一位又一位，但都被上人拒絕了。半年之後，上人眼看就要告別人世，但最優秀的人選還沒有眉目，少年非常慚愧，淚流滿面地說：「我真對不起您，讓您失望了。」

上人說：「失望的不是我，對不起的卻是你自己。其實最優秀的人就是你。」

做人要是沒有野心，機會來了也會被錯過。反之，如果具有野心和夢想，即使沒有機會也能夠創造出來。

一群貧窮的美國孩子，從未離開過自己生活的小鎮。但他們為這樣的夢想而激動——「我們要環遊世界」！這些靠救濟生活的孩子，打算透過在報上刊登募捐廣告來籌集旅費。但是，高達一萬二千美元的廣告費要從何而來？

沉浸在夢想中的孩子們，為實現自己的願望，開始尋找所有力所能及的雜活，比如洗車、賣報、賣花，一美分一美分地為實現夢想而賺錢……

媒體報導了孩子們的壯舉，籃球名將喬丹為之深深感動，以聖誕老人的名義給孩子們寄去了一張一萬二千美元的支票。

孩子們精心設計的廣告終於刊登出去了，結果他們收到了來自世界各地八千多封信，並且每天都有好心的捐款人出現。而讓整個小鎮沸騰的事是總統親自來信，邀請孩子們去白宮做客！

這是一個關於夢想的真實故事，也是一個關於野心的故事。

一個人，如果終生沒有夢想，沒有野心，可能會活得很平安，但他絕不會很幸福，更感覺不到生活的價值，只能終生碌碌無為，平庸地度過一生。

清心自在

有了夢想，有了野心，我們才會為了這個切切實實的目標去努力，去奮鬥，去努力實現它。也許，多年後我們發現，我們的野心最終還是沒有完整的實現。可是，你更會發現，你比以前已經大大地前進了好幾步。

11 聚沙成塔，水滴石穿

我們必須學習禪師的功夫，修淨土中的人，也必須有禪定的功夫，念佛時心才能定。

從前，有個叫鐵眼的年輕和尚，發誓要用募捐來的錢修建一個佛的金身。

這件事雖然功德無量，但是困難度太大了！

然而，鐵眼和尚一旦立下了宏願，就絕不退縮。

募款的第一天，他早早就來到了最繁華的地方，向過路人乞討施捨。

不一會兒，過來一個武士，鐵眼和尚施禮道：「貧僧誓願塑佛金身，請施主捐一點吧！」

武士都沒正眼看他，像是沒聽見的樣子，邁著大步走了。

鐵眼和尚急忙就追上去，低聲乞求道：「給多少都行！」

武士厭煩地揮手，十分乾脆地拒絕道：「不要！」

武士在前面走，鐵眼在後面跟著，一直走了十多里路！那個武士無可奈何地隨手扔下一文錢。鐵眼從地上撿起那文錢，朝武士行禮致謝。

武士覺得奇怪，問道：「一文錢也值得你這樣高興？」

鐵眼和尚回答道：「這是貧僧靠行乞修建佛身的第一天，如果不能化到這一文錢，或許貧僧的心志就會產生動搖。如今承蒙您慷慨施捨，貧僧對於成就大願已經確信無疑，所以感到無限欣喜。」

說完，便引身告退，按照原路回去繼續化緣。暑去冬來，經過無數個風雨霜雪的日子，鐵眼和尚終於籌足了資金，完成了自己的心願。

一文錢看似渺小，實際上已經是成功的開始，鐵眼和尚認識到了這一點，所以信心十足，日積月累，塑成了佛的金身。

史蒂芬·史匹柏在三十六歲時，就成為世界上最成功的製片人，電影史上十大賣座的影片中，他個人囊括四部。他是怎麼能在這樣年輕的年紀裡，就有此等成就的呢？他的故事實在耐人尋味。

史匹柏在十二、三歲時就知道，有一天他要成為電影導演。在他十七歲那年的某天下午參觀了環球製片廠後，他的一生就改變了。

那可不是一次不了了之的參觀活動，在他得窺全貌之後，當場他就決定要怎麼做。他先偷偷摸摸地觀看了一場實際的電影拍攝，再與剪輯部的經理長談了一個小

時，然後結束了參觀。

對許多人而言，故事就到此為止，但史匹柏不一樣，他知道他要什麼。從那次參觀中，他知道得改變做法。

於是第二天，他穿了套西裝，提起他老爸的公事包，裡頭塞了一塊三明治，再次來到攝影現場，裝出他是那裡的工作人員。當天他故意地避開了大門守衛，找到一輛廢棄的手拖車，用一塊塑膠字母，在車門上拼成「史蒂芬・史匹柏」、「導演」等字。然後他利用整個夏天去認識各位導演、編劇、剪輯，終日流連於他夢寐以求的世界裡。從與別人的交談中學習、觀察，並發展出越來越多關於電影製作的靈感來。終於在二十歲那年，史匹柏成為正式的電影工作者。

他在環球製片廠放映了一部他拍的不錯的片子，因而簽訂了一紙七年的合同，導演了一部電視連續劇。

他的夢想終於實現了。

清心自在

聚沙成塔，水滴石穿。成功者唯一的途徑就是堅持，從一點一滴開始累積，先不要去顧及收穫，當終於有一天你回頭看時，你會驚訝地發現：噢，原來自己有這麼大的能耐，已經爬了這麼高！鐵眼和尚和史蒂芬・史匹柏就是積少成多的專家。

12

路在腳下

士人有百折不回之真心，才有萬變不窮之妙用。

一位老和尚，他身邊有一群虔誠的弟子。

一天，他告訴弟子們每人到北山砍一擔柴回來。弟子們急急忙忙往北山走，突然洪水飛洩而下，阻住了上山的路。

弟子們垂頭喪氣地回來了，但卻只有一個小和尚敢與師傅坦然相對。老和尚詢問原因，小和尚從懷裡掏出一顆蘋果給師傅，並說：「過不了河，砍不了柴，我見路邊有一棵蘋果樹，就順手摘了一顆野蘋果回來。」

後來，小和尚成了老和尚的衣缽傳人。

人生總得有所作為。即使無大作為，也要有小作為。否則，虛度一生，一無所為，何顏以對天地？並且，很多人的成功之路就是從小作為開始的。

在美國標準石油公司裡，有一位小職員叫阿基勃特。他在遠行住旅館的時候，總是在自己簽名的下方，寫上「每桶四美元的標準石油」字樣，在書信及收據上也不例外，簽了名，就一定寫上那幾個字。他因此被同事叫做「每桶四美元」，而他的真名反倒沒有人叫了。

公司董事長洛克菲勒知道這件事後說：「竟有職員如此努力宣揚公司的聲譽，我要見見他。」於是邀請阿基勃特共進晚餐。

後來，洛克菲勒卸任，阿基勃特成了第二任董事長。

這是一件誰都可以做到的事，可是只有阿基勃特一個人去做了，而且堅定不移，樂此不疲。嘲笑他的人當中，肯定有不少人才華、能力在他之上，可是最後只有他成了董事長。

清心自在

一個人的成功，有時純屬偶然。可是，誰又敢說那不是一種必然？有許多不起眼的小事情，誰都知道該怎樣做，問題在於誰會真正地去做，誰能堅持做下去。

CHAPTER.3

苦海無邊，回頭是岸

太過執著總是會讓人沉浸在過去無法自拔，
「回頭是岸」可以讓你重新找到正確的道路。

Smile

01

一切都會過去

來時糊塗去時迷，空在人間走一回。生我之前誰是我，生我之後我是誰？不如不來亦不去，也無歡喜也無悲。

有一位富翁整日悶悶不樂、愁眉不展。

一天，富翁貼出告示：誰能夠給完美人生一個準確答案，就給予重賞。而這個答案必須能夠適用在任何一種情況，包括失意、得意、快樂、煩惱、成功、失敗……幾天裡來了許多人，給出了許多答案，但沒有一個答案令富翁滿意。

這一天，來了一位和尚。他對富翁說：「三天後，我一定可以給你一個令你滿意的答案。」

三天後，和尚交給富翁一張紙條，只見上面寫著：「一切都會過去。」

一年冬天，吉姆在一個小飯館裡等一位朋友，他感到沮喪而消沉，由於一時的失誤在幾個地方出現了計算錯誤，使他人生中一項相當重要的工程沒有能夠完成。因此就算是在等待一位最珍貴的朋友，他也無法像平時一樣感到振奮。

吉姆的朋友約翰終於從街對面走了過來。他穿著一件破舊的大衣，光頭上戴著

一頂不成形的帽子，看起來像是一個精力充沛的精靈，而不像是一名了不起的精神科醫生。

約翰的診所就在附近，那天他剛剛和最後一名病人談完了話。約翰已經快八十歲了，但是還在全天工作，並且是一家大基金會的董事，仍然喜歡盡可能地鑽到高爾夫球場去。

「怎麼了，年輕人，」約翰不加寒暄就說，「什麼事讓你不痛快？」

對約翰這種洞察心事的本領，吉姆早就不意外了，因此他就直截了當、長篇大論地告訴約翰他的煩惱事。約翰分析了整個事件中的所有錯誤的判斷、錯誤的行動，然後，他邀請吉姆到他的診所去。

到了診所，約翰從一個硬紙盒裡拿出一卷錄音帶，放進錄音機裡。他對吉姆說，「這卷錄音帶上，是三個來看我的人所說的話，當然裡面沒有說出他們的名字。我要你注意聽他們所說的話，看看你能不能挑出支配這三個案例的共同因素，只有四個字。」他微笑了一下。

在吉姆聽起來，錄音帶上這三個聲音的共同特點是不快活。第一個是男人的聲音，顯示他遭到了某種生意上的損失或失敗；第二個是女人的聲音，說她因為有照顧寡母的責任感，以至於一直沒能結婚，她辛酸地述說她錯過了很多結婚的機會。第三個是一位母親，她十幾歲的兒子犯了罪，有了麻煩，她一直在責備自己。

約翰關掉了錄音機，對吉姆說：「在這卷錄音帶中，他們一共有六次用到了這四個字，而這個詞正是不顯眼的毒藥。你聽出來了嗎？沒有？好，這可能是你自己剛才在那家餐廳中用了三次的原因。」他拿起裝錄音帶的盒子，丟過去給吉姆。「這四個字就在這盒子的標籤上，是任何語言中最令人悲哀的四個字。」

吉姆看到紅墨水寫得很清楚的四個大字：「如果，只要。」

「你一定大感驚訝。」約翰說，「你知道我坐在這張椅子上，聽到多少成千上萬用這幾個字作開頭的惱恨的話。他們不停地說，直到我要他們停下來。有的時候我會要他們聽剛才你聽的錄音帶，我對他們說：『如果，只要你們不再說如果，我們或許就能把問題解決掉！』」

約翰伸伸他的腿。「用『如果、只要』這四個字的問題，」他說，「是因為這幾個字不能改變既成的事實，卻使我們面對著錯誤的方面——向後退而不是向前進，並且只是浪費時間。最後，如果你用這幾個字成了習慣，那就很可能變成真正的障礙，成為不再去努力的藉口。」

「現在就拿你自己的例子來說吧。你的計劃沒有成大事，為什麼？因為你犯了一些失誤。那有什麼關係！每個人都會犯錯。錯誤是讓我們學到教訓。但是當你告訴我你犯了錯而為這個遺憾，為那個懊悔的時候，你並沒有從這些錯誤中學到什麼。」

「你怎麼知道？」吉姆帶著一點辯護的說。

約翰說：「因為你沒有脫離過去式，你沒有一句話提到未來。我們每個人都有一種不太好的毛病，喜歡一再討論過去的錯誤。因為不論怎麼說，你在述說過去的災難或挫折的時候，你還是主要角色，還是整個事情的中心人。」

吉姆慚愧地搖搖頭。「那麼，有什麼補救方法沒有？」

「轉變重點，」約翰立刻說，「以振奮的詞句取代那些令人退縮的洩氣話。」

「你能提出一些這類的詞句嗎？」

「當然。不要再用『如果，只要』，用『下次』來代替。」

「下次？」

「不錯，就在這個房間裡，我看到這兩個字創造出的奇蹟。只要病人不停地說『如果，只要』，他就有不妥當的地方。但是當他看著我的眼睛說『下次』的時候，我知道他已經走上了克服問題的道路。這表示，他會把懊悔的障礙推到一邊，向前進，採取行動，繼續生活。你自己試試看，就會明白的。」

約翰不再講下去了。吉姆試著從心中除去一個詞句，換上另一個詞句：當然，這是想像，但是吉姆卻能夠聽到詞句嵌了進去，還發出「卡嚓」的聲音。

清心自在

之所以會有煩惱，是因為我們總是喜歡沉浸在過去的錯誤之中，殊不知，一切都將會過去，新的一頁又會隨即翻開。

只有把舊的扔掉，才能用全部的心思來應對未來。當你感到愁苦煩惱的時候，不妨想一想，一切都會過去，一切都已經過去。

02 真心無價

供養雖微小，卻包容了全心全意。

從前，有一個名叫難達的老婆婆，她很想拿些什麼東西來供養釋迦，可惜因為窮得身無長物而一籌莫展。

有一天，她想以燈火來供養，就到油店去買燈油，油店主人問她：「妳窮得三餐都快沒得吃了，為何不把買油的錢拿去買食物呢？」

老婆婆答道：「我就是因為一向太窮，一次也不曾供養過佛陀，現在想，至少要在所剩不多的日子裡供養一次，才來買油的。」

老婆婆打了油便把它拿去奉獻給釋迦當燈火。這一夜風勢很強，其他的燈火都被強風吹滅，唯獨老婆婆的燈火仍不斷地燒著。釋迦的弟子們不明白為什麼會這樣，就去請教釋迦。釋迦回答：「她的供養雖微小，卻包含了全心全意。」

的確是這樣，當我們用整顆心去愛的時候，無論你的力量多麼微薄，而你所散發出來的能量卻是無限的。

自從父親不幸身亡後，十歲的瑪麗只有和母親相依為命。明天就是聖誕節了，疾病纏身的母親，掏出家裡僅有的五美元遞給瑪麗，讓她上街買點禮物給自己。

瑪麗拿著錢卻去找到奧克多醫生。她把五美元遞給醫生，小聲請求道：「奧克多先生，您能再幫我母親做一次腰椎按摩治療嗎？」奧克多輕輕搖了搖頭，無奈道：「瑪麗，五美元不夠的，最少也得五十美元……」瑪麗失望地走出了診所。

大街的一角圍了一些人，瑪麗擠進去一看，是一個街頭的輪盤賭。輪盤上依次刻著二十六個阿拉伯數字，這些數字也依次對應著二十六個英文字母。不管你押多少錢，也不管你押什麼數字，只要輪盤轉兩圈後，指針能停在你的選擇上，那麼你都將獲得十倍的回報。

輪盤賭的主人拉莫斯對著瑪麗揮揮手，示意她走開。瑪麗卻沒有退縮，她猶豫了一會兒，把手中的五美元放在了第十二格上。輪盤轉兩圈後，停在了第十二格，瑪麗的五美元變成了五十美元。輪盤再次旋轉前，瑪麗把五十美元放在了第十五格。瑪麗又贏了，五十美元變成了五百美元。人們開始注意瑪麗，拉莫斯問：「孩子，妳還要玩嗎？」瑪麗把五百美元放在了第二十二格。結果，她擁有了五千美元。拉莫斯的聲音顫抖了：「孩子，繼續嗎？」瑪麗鎮定地把五千美元押在了第五格，所有的人都屏住了呼吸。不到一分鐘後，有人忍不住驚呼：「上帝啊，她又贏了！」拉莫斯快哭了：「孩子，妳……」瑪麗認真道：「我不玩了，我要請奧克多先生為我媽媽按摩——我愛我的媽媽！」

瑪麗走後，有人開始計算連續四次猜對的機率有多少。拉莫斯則像呆了似的凝視著自己的輪盤，突然，他痛哭道：「我知道我輸在那裡了，這孩子是用『愛』在跟我賭博啊！」人們這才注意到，瑪麗投注的「十二、十五、二十二、五」四個數字，對應的英文字母正是「L、O、V、E」！

清心自在

真情無價，真心無價，真愛無價。當一個人用盡所有的能量去對待一件事時，你會發現結果往往超出人的想像。所以，我們千萬不要輕易去傷害那些用信仰、用愛來生活的人，否則你一定會吃大虧。因為他們看起來雖然渺小，弱不禁風，但在柔弱的外表下卻隱藏著驚濤駭浪。

03
純潔身心才是福德本源

只有奉行眾善，純潔身心，才是福德的本源。

婆羅門教的神殿裡面燈燭輝煌，十分熱鬧。大梵天王神的塑像莊嚴地供奉在座上。教徒們正忙碌著，一盤盤的豬、雞、鴨等庖牲都抬上來了。他們恭恭敬敬地奉獻著。

「你們為什麼要用庖牲做祭品呢？」佛問。

「因為用庖牲祭祀，可以得到天神降福，賜我們大量財富，農作物豐收，人民安樂，命終後還可以投生天堂。」

「不對，用庖牲祭祀是野蠻的行為。殺生流血，只會造成更大的罪業，罪業的行為，怎能帶來福澤呢？」

婆羅門教徒很慚愧，就問：「那麼，要怎樣才可以祈福呢？」

「只有奉行眾善，純潔身心，才是福德的本源。」佛陀回答道。

婆羅門教徒聽了，立刻信服，就跪在地上懺悔，以後再也不用庖牲祭祀了。

向佛祖祭祀，並不需要什麼稀有物，只需要純潔的身心就足夠了。

同樣，對於愛情而言，並不需要整天的海誓山盟，有時候只需平淡的就像一碗飯。

那是個秋季，有個女孩認識了一個男孩子。

他們開始了一段浪漫的時光。一切都和女孩想像中的一樣美麗。

那些日子裡，女孩的辦公桌上，開始有玫瑰花。

據說，玫瑰是代表愛情的。女孩細心地為玫瑰換水，用前所未有的溫柔目光注視它們。

辦公室裡的女孩子們，常常在一起討論有關愛情的話題。

而戀愛中的那個女孩總是說：「愛情，一定要有浪漫的，美麗的，就好像——好像那些玫瑰花！」

後來，有一天晚上，男孩帶女孩去一家小餐館吃飯。

女孩吃飯的時候，男孩坐在對面，看著她吃。

女孩吃著吃著，忽然想起了小時候，外婆就常常這樣坐在她對面，看著她吃飯。

外婆的目光裡，含著慈祥和喜愛，讓小時候的她，充滿了被寵愛的感覺，那種感覺只有一個詞可以形容：幸福。

女孩抬頭看男孩的眼睛。那雙含笑的眼睛裡映著女孩的臉，竟然也是很慈祥的樣子。那一刻女孩彷彿回到了從前，小小的心裡溢滿了被愛的快樂。

女孩吃剩半碗飯，放在一邊。

男孩對她笑笑，伸手拿走了那半碗飯，開始吃起來。吃得那樣香甜，那樣自然。女孩愣了愣。在她的印象中，只有外婆和父母才吃過她吃剩下的飯。那是只有一家人才可以做得這麼自然的事啊。

而男孩……

「嘿，妳知道嗎，我忽然想起了什麼？」男孩吃著飯，說：「我忽然想，如果以後有一天，我們窮得只剩下一碗飯，我一定會讓妳先吃飽。真的，我發誓！」

女孩想，這真是一個奇怪的誓言啊，但這卻是男孩對女孩許下的唯一誓言！不知道為什麼，女孩卻為這個奇怪的、有關一碗飯的誓言哭了……

此後，當同伴們再次說起愛情時，那個女孩就總是會說：「愛情啊，愛情就是一碗飯。」

清心自在

我們不能總是苛求生活用隆重的儀式來接待我們，有時候一顆真心就足以證明愛情的神聖，關於一碗飯的誓言就足以打動一個女孩的心。

只有戲劇中的人物才會整日的轟轟烈烈，而那些都是虛假的，就像用庖牲來祭祀，祭祀的人為的只是用來換取自己的利益，卻沒有一顆真誠的心，不懂得殺生流血會造成更大的罪孽。

04
智者以退為進

身心清淨方為道，退步原來是向前。

龍虎寺禪院中的學僧，曾在寺前的圍牆上畫了一幅龍爭虎鬥的畫像，畫中龍在雲端盤旋將下，虎踞山頭，作勢欲撲。雖然多次修改，學僧依然不滿意，總認為畫中龍虎動態不足。

這時恰逢無德禪師從外面回來，學僧就請禪師評價一番。

無德禪師看了看，說：「龍和虎的外形畫得不錯，但龍與虎的特性你沒有掌握好。龍在攻擊之前，頭必須向後退縮；虎要前撲時，頭必然向下壓低。龍頸退縮得愈大，虎頭愈貼近地面，它們就能衝得更快、跳得更高。」

學僧們非常高興，讚頌無德禪師：「老師真是一語道破，我們不僅將龍頭畫得太向前，虎頭也太高了，怪不得總覺得動態不足。」

無德禪師藉機開示眾學僧，說：「為人處世也罷，參禪修道也罷，道理都是一樣的，退一步之後，才能衝得更遠，坐下來休息之後才能爬得更高。」

CHAPTER .3

苦海無邊，回頭是岸

學僧不解地道：「老師，退步的人怎能向前？停下的人怎能更高？」

無德禪師嚴肅地說道：「我有一首偈詩，你們聽聽看：

手把青秧插滿田，低頭便見水中天；

身心清淨方為道，退步原來是向前。

現在你們能會意嗎？」

學僧們聽後，均有省悟。

對於我們這些凡塵俗世的人來說，要想領悟到這一層道理，應該有些困難，下面這則發生在亞馬遜熱帶叢林裡的故事，或許能更有助於我們來解讀無德禪師的這偈詩。

在茫茫的亞馬遜熱帶叢林中，生活著一種極為特殊的鳥，叫做蜂鳥。蜂鳥的特殊之處就在於，牠們居然是倒著飛的。其實，蜂鳥並不是天生就倒著飛的，在很多很多年前，牠們和其他鳥一樣往前飛的。

當時，雖然蜂鳥的體形很小，但牠的繁殖速度極快，家族很興旺，如果全體出動，那更是一個龐大的陣容。

據說，牠們扇動翅膀可以遮天蔽日，讓大片的森林籠罩在陰影之下。除此之外，蜂鳥天生敢於搏鬥，不怕犧牲。蜂鳥家族有一個規定，那就是只准向前不准退後，如果有誰膽敢臨陣退縮，就會被自己的同類啄死。

那時，蜂鳥也並不像今天的蜂鳥只吃蜂蜜，而是肆無忌憚地獵取，而且只要是牠們想吃的東西，就一定能吃得到。據說，在當時的亞馬遜叢林中，沒有哪種動物能逃過蜂鳥的襲擊，也沒有哪種動物不害怕蜂鳥。

然而，一場突發的大火改變了這種局面。

那是一次森林失火，由於蜂鳥容不得比牠們更加厲害的東西存在，當牠們看見熊熊烈火在叢林中飛舞，大片大片地占據了牠們的領地，便憤怒了。於是，在蜂鳥王的指揮下，蜂鳥一群群地向烈火中撲去。結果可想而知，蜂鳥一群群地死在了烈火中。但蜂鳥們沒有退縮，牠們前赴後繼地向烈火發起攻擊。

眼看蜂鳥家族就要全軍覆滅了。這時，蜂鳥群中有一隻蜂鳥動搖了，退縮了，牠悄悄地往後飛去。蜂鳥王隨即發現了那隻臨陣退縮的蜂鳥。牠狂怒地指揮其他蜂鳥向那隻臨陣退縮的蜂鳥攻擊。但其他蜂鳥並沒有像往常那樣撲向那個怯懦者，相反一部分蜂鳥竟跟著那隻蜂鳥一起向後飛去。

大火結束後，蜂鳥王和絕大部分的蜂鳥，都成了那次烈火下的犧牲品，而那一

小部分向後飛的蜂鳥則活了下來。

經過火劫的蜂鳥從此以後便一直倒著飛翔，並且不再動輒攻擊其他動物。牠們變得性情溫和，只吃蜂蜜。

今天，雖然蜂鳥很弱小，但在亞馬遜叢林中仍有牠們的生存空間，牠們與整個叢林的生靈同在。試想，如果當時沒有那隻肯退一步的蜂鳥，蜂鳥的生命還可能得以延續嗎？

不僅蜂鳥，很多時候，很多人都會陷入盲目的追求之中而無法自拔，即使明明知道此路行不通，即使明明知道繼續下去的代價將是飛蛾撲火般的滅亡，但依然無法說服自己後退，只能放任自己繼續沉淪、再沉淪。

其實，後退並不可怕，可怕的是，明知前方是死路卻還要固執地走下去。

「剛易折，曲則全」，「小不忍則亂大謀」，「忍一時風平浪靜，退一步海闊天空」……這樣富有哲理的話，從古講到今，但真正能夠明白的有幾人，能夠做到的又有幾人？如果人人都能真正地懂得這些道理，人人都能夠真正地奉行這些道理，那麼人生還有什麼難關過不去？遺憾的是，很多時候我們都是知易行難，道理心中都很明白，卻無法用行動來實踐。

生活中人人都有自尊的一面，人人都有執著的時候，人人也都有好鬥的本性。然而一個人再自尊，再驕傲，再好鬥，應該也比不上龍、虎和蜂鳥，龍能退縮，虎能低頭，蜂鳥能後退，平凡如塵埃、脆弱如螻蟻的我們，為什麼就不能適時退縮呢？

清心自在

人生在世，切忌一味冒進、一味自大、一味恃強，當進則進當退則退，當高則高當低則低，當強則強當弱即弱，進退有據、高低有時、強弱有度，才是生存之道。

05
退一步海闊天空

能進能退，乃真正法器。

隱峰禪師是馬祖禪師的弟子。他們都是著名的禪師，雖然身為師徒，卻經常在一起參禪悟道，相互學習。相比之下，馬祖禪師禪性更高，但隱峰禪師也差不了多少。

有一次，隱峰禪師推車搬運經書，馬祖禪師正好坐在籐椅上，伸著腳歇息。由於道路太窄，過不去，隱峰禪師請求馬祖禪師把腳縮回去，讓一下路。不料，馬祖禪師蠻橫無理地說：「我向來是只伸不縮。」結果，二人爭執不下，誰也不肯讓步。

隱峰禪師畢竟有事在身，怕這樣下去會擔誤事。於是，他奮力朝前推車，結果車輪碾過了馬祖禪師的腳，疼得馬祖直咧嘴。

馬祖禪師立刻回到寺廟，召集眾人登壇講法，手裡還拿著一把鋒利的斧頭。眾人一看情況不妙，不知道發生了什麼事，都不敢出聲。馬祖禪師晃著斧頭，對眾人大聲說道：「剛才是誰碾傷了我的腳，趕快站出來，我要砍了他的頭。」眾人面面相覷，議論紛紛。

這時，只見隱峰禪師快步走上前去，並伸出了自己的脖子。

馬祖禪師見他臉上毫無懼色，放下斧頭，心平氣和地說：「你對自己的前途毫無懼色，大千世界可任你行走。」

隱峰禪師聽到這話，就縮回了脖子，向馬祖禪師頂禮膜拜，然後彎腰退回到自己的座位上。馬祖禪師看到這一切，再次稱讚道：「能進能退，乃真正法器。」

對於一些人來說，做事情在考慮好之後就要勇敢地去做，不要畏畏縮縮，否則就可能與成功失之交臂。然而，對於更多的人來說，就要懂得後退的藝術，不要一味地蠻幹，只有放低你的人生姿態，才有機會獲得更大的利益。

有一位留美的電腦博士，畢業後在美國找工作，結果好多家公司都不錄用他，思來想去，他決定收起所有的學位證明，以一種「最低身分」，再去求職。

不久，這位博士就在一家公司做了一名程式輸入人員。這對他來說簡直是「高射炮打蚊子」，但他仍做得一絲不苟。很快，老闆發現他能看出程式中的錯誤，非一般的程式輸入員可比。這時，他亮出了學士證書，老闆給他換了個與大學畢業生應有的專業工作。

過了一段時間，老闆又發現他時常能提出許多獨到的有價值的建議，遠比一般的大學畢業生要高明，這時，他又亮出了碩士證書，老闆見後又提升了他。

再過了一段時間，老闆覺得他還是與別人不一樣，就對他「質詢」，此時他才拿出了博士證書。由於，老闆對他的水平已有了全面的認識，所以毫不猶豫地重用了他。

其實，人不怕被別人看低，相反的是怕人家把你看高了。看低了，你可以尋找機會全面地展現自己的才華，讓別人一次又一次地對你「刮目相看」，你的形象也會慢慢變得高大起來；可如果被人看高了，剛開始讓人覺得你多麼的了不起，對你寄予了種種厚望，但你隨後的表現總讓人一次又一次地失望，結果是被人越來越看不起。

除了退一步海闊天空外，還要學會寬容，寬容能驅散怨恨。寬容能帶來仁義，博得讚美，寬容能創造輕鬆和諧的氛圍。

美國曾經有位總統叫做馬辛利，因為用人問題，遭到了一些人的強烈反對。在一次國會會議上，有位議員當面粗野地譏罵他。他氣得快要火冒三丈，但卻極力忍耐沒有發作。

等對方罵完了，他才用溫和的口吻說道：「你現在怒氣應該消了吧，照理說你是沒有權利這樣責問我的，但現在我仍然願意詳細解釋給你聽……」馬辛利這種讓人的姿態，使那位議員羞紅了臉，爭執立即緩和下來。

試想，如果馬辛利得理不讓人，利用自己的職權和得理的優勢，咄咄逼人，進行反擊的話，那對方是絕不會服氣的。由此可見，當雙方處於尖銳對抗狀態時，得理者的寬容態度，就有了「釜底抽薪」之妙，能使對立情緒「降溫」。

清心自在

能進能退，才是真正法器，對於很多人來說，往往是進有餘而退不足，認準一個地方就像釘子一樣鑽進去，然而一旦碰到鋼板便會弄得頭破血流。所以，只有那些審時度勢，懂得以退為進的人才更容易獲得成功。

06 老喇嘛的禪定

我們死後能不能燒出舍利子並不重要，重要的是今生能不能發大菩提心真實弘揚佛法救度利益眾生。

有個老喇嘛喜歡在一塊平坦的大岩石上打坐，俯視一泓寧靜的潭水。然而，每次他誠摯地開始祈禱，盤起雙腿、調好坐姿的時候，他就會瞥見一些昆蟲在水裡無助地掙扎。

一次又一次地，他撐起他那老邁的軀體，將那微小的生物送到安全的地方，才又再坐回他的岩石座上。因此，他的禪修就是如此，日復一日……

他的師兄弟們——一些虔誠的修行者，每天也都會到那片荒無人煙的地區，在岩石峽谷和山洞內獨自打坐，他們終於發現老喇嘛幾乎不曾安靜地坐著，事實上他禪坐的時間都花在把蟲子從小池裡撈出來。

雖然救護一個無助的生命，不論其形體的大小，是理所當然的，但一些喇嘛有時會想：如果老喇嘛到別處靜坐，遠離這些令他分心的事，他的禪定功夫可能會更好些。

有一天，他們終於向他表示他們的關懷。

「到別的地方打坐，入甚深禪定，整日不受打擾，不是更能獲益？這樣您不就可以更快地證悟？如此一來，就能救度所有的眾生從輪迴的苦海中解脫。」有一位僧友這麼勸老喇嘛。

「或許您還可以閉著眼在池邊打坐。」另一位僧友建議。

「如果您在打坐的時候不斷地站起、坐下，反覆不下數百次，您如何能開展完全的寧靜和甚深如金剛般的定力？」一位年輕的學僧比其他師兄更有勇氣，更機智地質疑他。

這位尊貴的老喇嘛很仔細地聽他們你一言我一語，卻沒說什麼。

當全部的人都說了他們要說的話後，他很感激地向大家敬禮，說道：「師兄弟們，誠如你們所說的，如果我整日坐著不動，我的禪定功夫一定會有更好的結果。但是，老朽如我，也曾一再地發願要將此生此世用來服務救護他人，我又怎麼能夠閉上眼睛、硬起心腸來祈禱並吟誦大悲觀世音利他無私的心咒，卻任由無助的小生物溺死在我眼前而不顧呢？」

清心自在

像老喇嘛那樣，不能因為自己的修煉而忽視別人的生死，哪怕是小小的昆蟲。捨己助人，這才是大乘佛法，而那只顧自己禪定的人，即使禪功再深，也只是小乘。

07

眼見不一定為實

酒肉穿腸過，佛祖在心中。

汾陽善昭禪師有一天對廟裡的僧眾說：「昨天晚上，我夢見死去的父母向我要酒肉錢。我心裡很難過，所以免不了要隨風俗習慣，買點酒肉、紙錢來祭奠一番。」於是，禪師就如此這般地張羅著把祭奠辦了。但他在祭奠後卻獨自坐在酒席上，旁若無人地吃起肉喝起酒來。

僧眾們看不下去，紛紛指責他說：「今天才知道你原來是個酒肉和尚，怎麼有資格當我們的導師啊！」便都打起包袱離開了。

只有石霜楚圓、大愚守芝等六、七個人沒走——他們後來都成了著名的大禪師。

事後，汾陽禪師感慨地說：「那麼多的閒神野鬼——成不了氣候的可憐蟲呵！只消一盤酒肉、兩百張紙錢就打發走了。」

「酒肉穿腸過，佛祖在心中」，禪修的是心而不是身，所以不要看到善昭禪師吃肉喝酒就認為他沒有禪心，而要真正去體悟一番。我們生活中也如此，不要被自己的眼睛所蒙蔽，要仔細的弄清前因後果再下結論。

正在滔滔不絕地講課的劉老師突然停頓了一下。她的眼睛裡閃進了一束光芒，光源來自那個叫小偉的學生手指上。

窗外的陽光落在小偉的左手上，反射出道道金光，特別刺眼。下課後，劉老師把內向、孤僻的小偉叫到辦公室。

小偉低頭不語。

「把它取下來！」劉老師的口氣果斷而堅決，透著不可抗拒的力量。

小偉下意識地把戴戒指那隻手往後縮了縮。過了好一會兒，才輕輕地對劉老師說：「就讓我戴一天好嗎，今天一天？」劉老師更怒不可遏了：「學校有規定你知不知道，學生不能戴戒指！」

小偉哽咽著對劉老師說：「我知道學校的規定，但是……這是媽媽給我留下的唯一的禮物。爸媽離婚了。媽媽走時對我說，想她的時候就把它戴在手上。今天是我的生日，我想媽媽……」

剎那間，劉老師的眼淚落下來了。她走到小偉跟前，輕輕地撫摸了一下他的頭，然後幫他取下戒指，放在他的手心裡：「小偉，老師錯怪你了，以後再想媽媽，你就這樣緊緊地把戒指握在手心好嗎？」

清心自在

我們都說眼見為實，其實很多時候事實並不像我們看到的那樣，因為每一件事情都有它發生的前因後果，而我們要對這件事做出反應之前，一定要把這前因後果搞清楚，不要只相信自己的眼睛，更不要道聽途說。

08

心中有光

外在的燈最多只能照亮腳下的路，而心中的燈卻能照這整個世界。

小尼姑去見師父：「師父！我看破紅塵，遁入空門已經多年，每天茹素禮佛，暮鼓晨鐘，經讀得愈多，心中的雜念不但不減，反而增加，怎麼辦？」

「點一盞燈，使它非但能照亮妳，而且不會留下妳的身影，就可以通悟了！」

數十年過去了……

有一座尼姑庵遠近聞名，大家都稱之為萬燈庵，因為其中點滿了燈，成千上萬的燈，使人走入其間，彷彿步入一片燈海，燦爛輝煌。

這所萬燈庵的住持，就是當年的小尼姑，雖然如今年事已高，並擁有上百個徒弟，但是她仍然不快樂，因為儘管她每做一樁功德，就點一盞燈，卻無論把燈放在腳邊，懸在頂上，乃至於用一片燈海將自己團團圍住，還是會見到自己的影子，而且燈愈亮影子愈明顯，燈愈多影子也愈多。

一天晚上，一陣風刮來，吹得她身旁的燈忽明忽暗，於是她站起身來走向窗戶，想把它關上，這時風突然大了，一下子就把房裡的燈全吹滅了。

她在黑暗中開悟了。

「外在的燈最多只能照亮腳下的路，而心中的燈卻能照這整個世界。」所以，我們生活在這個世界上，一定要為自己點燃一盞心燈，這樣才不會迷失方向。

這是一家資產過億的企業集團。

在採訪某集團董事長的時候，記者發現董事長的桌子上擺放著一支傷痕纍纍，銹跡斑駁的手電筒。董事長手撫著手電筒，說起了一段故事。

那時，董事長還是小員工，在一家國有工廠裡當內勤幹部。五年的時間，他親眼目睹了這個工廠是如何從興盛一步步走向衰敗的。但無論如何，他都沒有想到終於有一天自己的名字會被寫在資遣名單上。看著那血紅的紙上烏黑的名字，他頭暈目眩，跌跌撞撞地回到家。

有很長的一段時間他都不敢出門。不找工作，也不與朋友聯繫。家庭的重擔驟然壓在了妻子身上。

妻子在郊區的市場上有一個攤位，丈夫失業後，她把攤位收回來自己經營，每天早出晚歸的打理生意。回家的路上都得經過一片荒地，沒有人煙，沒有路燈，只

CHAPTER .3

苦海無邊，回頭是岸

有一趟半個小時一班的公車。

那天晚上，妻子打電話給他，說自己沒有趕上最後一班車，要他去接。

他永遠不會忘記那個晚上。

他費力地騎著腳踏車，妻子坐在前面的大梁上，為他打著手電筒。

夜，漆黑一片，路，磕磕絆絆。妻子一隻手壓在他的手上，一隻手拿著那隻手電筒。

「你還是出去做點事吧？」妻子試探著問。他不語，像以前一樣。

車子一晃，手電筒滅了，兩個人重重地摔在地上。

「妳要幹什麼？」他惱怒地問。妻子站起身，打開手電筒，幽幽地說：「天這麼黑，而手電筒就這麼一點亮，但只要它開著，我們看見的就只有光——你可不能讓我跟孩子走一輩子黑暗路啊！」

這句話在他的心裡激盪了好幾圈，狠狠地撞擊著他。他扶起自行車，把妻子摟在懷裡……

董事長說，妻子在他最輝煌的時候出了車禍，遺像放在辦公桌的玻璃板底下，天天看著自己，她就像那支手電筒，是自己永遠的愛，永遠的光。

清心自在

對於出家人來說，心中的光是普度眾生的善念，是光照萬物的忘我境界，而對於生活中的我們，心中的光就是人生的方向，它使我們不至於迷失自己，找到生活的座標。

09

愛人者人亦愛之

一點不忍的念頭，是生民生物之根芽；一段不為的氣節，是撐天撐地之柱石。
故君子一蟲一蟻不忍傷殘，一縷一絲毋庸貪冒，便可為萬物立命、天地立心矣。

有一日，佛祖下界來想要招收一個弟子。祂遇見了三個人。

第一個人是個太監。太監說：「度我吧，我從來不接近女色。」

佛說：「不近女色，又怎麼知道色即是空？去！」

第二個人是一個嫖客。嫖客說：「度我吧，我雖享盡女色，但從不迷戀。」

佛說：「不癡不迷，你又怎麼會覺悟呢？」

第三個人是一個瘋子。瘋子說：「我愛！我愛！」

佛說：「至誠至愛，善哉善哉。」

於是佛度化了他，開啟了他的悟性，最終修成了正果。

看來，佛祖也是喜歡有愛之人，那麼我們人類呢？

再看看下面這則故事你就知道了。

紐約一所幼稚園公開招聘園長，優厚的待遇吸引了眾多的報名者，其中包括專攻幼兒心理的女研究生和多名大學畢業有著多年工作經驗的女主管，然而，最終經考核被錄取的卻不是她們，而是一個紮著小辮子的文靜女孩，名叫麗莎。

面試地點設在三樓，二樓樓梯拐角處有個流著鼻涕、髒兮兮的小男孩，正淚眼汪汪地站在那裡等著什麼。

當一個又一個的應聘者穿梭在長長的樓梯間去面試時，只有麗莎在小男孩面前停了下來。

「別哭，是不是找不到媽媽了？」她掏出手帕給孩子擦了擦鼻涕，親切地對他說，「別哭，等我一會兒，姐姐帶你去找媽媽！」

眾多的應聘者面試完後，下樓時都對小男孩視若無睹，唯有麗莎抱起髒兮兮的小男孩，像一個親姐姐似的哄他，認真地唱歌、講故事給他聽。

這一切，都被拍攝到了早已架設好的攝影機鏡頭！

考生們當然沒有人發現，這個小男孩原來是幼稚園刻意安排的！

當老園長宣佈麗莎被錄用並播放了剛才的錄影帶時，所有的應聘者都恍然大悟，羞愧不已……

清心自在

因為愛你存在，因為愛我存在，因為愛讓你我存在！當一個人滿懷愛心前行時，全世界都將為他讓路。愛人者人亦愛之，就是這個道理。

10 禪者捐款

太行摧而不瞬，盛夏流金而不炎。

某處鬧災荒，佛教界的一些人士也想盡些濟助之心，因此就商請一個歌舞團，表演歌舞，籌募一點經費，某一寺裡的禪僧購置入場券，也參觀了歌舞。

新入道的一個禪學者，大不以為然，他認為參禪修道的人，不該觀看歌舞，但因為是團體行動，不得已，他就閉眼，正襟危坐地不理會周圍的嬉鬧。

歌舞中途，主辦者又向大家提出助捐的呼籲，這位初學的禪者拂衣而起，生氣地說：「我根本連眼睛都沒有睜開看一下，為什麼還向我要錢？」

主辦者一聽，便認真地說：「別人睜開眼睛看的，只要捐一半就好了，你閉著眼睛想的，那才要請你加倍多捐一些。」

禪的最高境界其實並不是要求修行者刻意的清心寡慾，而是要有用一顆淡泊之心面對一切善惡美醜，淡泊就是無我無他的境界。

自古及今，能夠做到淡泊，並把其當做自己一生操守的人有許多。他們正是因為有了這種精神，才成就了一番了不起的偉業，為世人所稱道。

三國時著名的政治家、軍事家諸葛亮，在輔佐劉備建立蜀漢政權幾十年的戎馬生涯中，不為私，不為己，一心為國，殫精竭慮，建立了卓越的功勳。儘管如此，他仍安之若素，不貪圖享樂和權勢，直至「鞠躬盡瘁，死而後已」。他的名言「非淡泊無以明志，非寧靜無以致遠」，可謂他一生人格風範的絕佳寫照。

人生在世，名利財物，都是身外之物。你就是時時刻刻永不停息、永無止境地去追求和索取它，也不會有滿足的時候。相反，它還可能會給你帶來無盡的坎坷和煩惱。

人貴有淡泊心。有了淡泊心，我們才能在失敗面前不灰心喪氣，在成功面前不驕傲自滿，始終保持一種平和淡泊、樂觀豁達的人生態度；有了淡泊心，我們才能用一種超然的心態對待眼前的一切，不以物喜，不以己悲，不做世間功利的奴隸，也不為凡塵中各種攪擾、牽累、煩惱所左右，使自己的人生不斷得以昇華。有了淡泊心我們才能在當今社會，愈演愈烈的物慾和令人眼花繚亂、目迷神惑的世相百態面前神凝氣靜，做到「太行摧而不瞬，盛夏流金而不炎」，堅守自己的人生目標；有了淡泊心，我們才能拋開一切名韁利鎖的束縛，讓人性回歸到本真狀態，進而獲得心靈的充實、豐富、自由、純淨……

清心自在

看是外在的，看過則忘；想是內在的，印在腦海。相對而言，前者具有一種達觀的淡泊，真正的不為色相所迷惑，而具備一顆無我度人之心。而那個閉眼不捐的人，其實正是與禪思背道而馳。

11 找回自己的心

如果內心沒有解脫，再大的神通，也沒有用。

佛陀走往伽耶山的途中，路過一座苦行林，他在樹下靜坐了一會，像等待著什麼似的。這時，有個拿了一個很大包袱的女人，從佛陀的前面過去，佛陀並沒有特別注意。沒過多久，有很多高大的漢子走來，他們見到佛陀，異口同聲地問道：「剛才您有見到一個拿著東西的女人從此地經過嗎？」

「我沒有注意，你們找她做什麼？」佛陀反問道。

「我們這一行共三十人，同住在離這裡不遠的森林之中，我們二十九人都有妻子，只有一個人至今還沒有娶親。我們非常同情，因此昨天就為他找來一個女人，哪知道她不是普通的女人，說來真不怕人見笑，原來她是一個賣淫的妓女。她在一夜之中，講了許多無恥的話，把我們三十個人都誘惑了。今天起來，看到我們的東西都被她給拐走了，因此這時要追趕她，把她找回來，您究竟有沒有見到她呢？」

佛陀默默地，靜靜地看著他們，然後說道：「是這樣一回事嗎？我來問你們，你們自己的身體要緊呢？還是女人和東西要緊呢？」

「自己的身體比什麼都要緊。」這一群男人回答，像都清醒過來。

「那你們不要再去追趕女人，你們來找自己的心才是要緊的大事。」

後來他們都皈依佛陀做了其弟子。

清心自在

當我們被壞人欺騙的時候，應該先在自己身上找原因。俗話說，蒼蠅不叮無縫的蛋。如果你自己沒有弱點被對方利用的話，那是不可能被騙的。

12 我們有選擇態度的權利

聖人之所以可貴，乃在於他真正解脫的智慧。

法明是個年輕的比丘，在寺廟裡是負責砍柴燒飯。由於性格剛愎急躁，師兄弟們都喜歡捉弄他。

有一日，天氣炎熱異常，法明煮了一鍋清湯，叫師兄弟們來喝。其中一碗湯裡有一隻死螞蟻，師兄弟們異口同聲地說：「好好的一碗湯卻被一顆鼠糞所玷污了。」

法明聽了怒氣沖沖地把湯全倒掉了，接下來的數日都悶悶不樂。禪師知道後把他叫到禪房說道：「我們豈能因他人片刻的話，便認為自己是鼠糞？」只有真正把自己當成鼠糞的人才會因被揭穿而懊惱。

法明聽了慚愧萬分。我們打開報章便不難看到，兄弟姐妹互相殘殺的事件層出不窮，且有日趨嚴重之勢，其中不乏因口角之爭而引起的爭執。我們面對任何事情都有選擇態度的權利，你可以選擇仇恨、消極、生氣，也可以選擇主動、積極、寬恕。

有一天，三名歹徒闖入育明家，開槍射中了他。幸運的是，育明很快地被鄰居發現，緊急送到醫院搶救。

醫護人員一直告訴育明說：「沒事的，放心。」但是當他被推入緊急手術間的路上，育明看到醫生跟護士臉上憂慮的神情，他真的被嚇到了，他們的眼裡好像寫著：他已經是個死人了。育明想，我需要採取行動。

這時有個護士用吼叫似的音量問育明：「你是否會對什麼東西過敏？」

育明回答：「有。」

這時醫生跟護士都停下來等待答案。

育明深深地吸了一口氣喊道：「子彈！」

這時，醫生和護士都笑了，臉上的憂慮神情在漸漸消失，聽他們笑完之後，育明說：「我現在選擇活下去，請把我當作一個活生生的人來開刀，不是一個活死人。」

經過十八小時的手術，以及後續周全的照顧，育明終於出院了。他能活下去當然要歸功於醫生的精湛醫術，但同時也由於他令人驚異的態度。

育明說：「每天早上我起來時便會告訴自己，我今天有兩種選擇，可以選擇好心情，或者壞心情，我總是選擇有好心情；如果有不好的事發生，我可以選擇做個受害者，或是選擇從中學習，我總是選擇從中學習；每當有人跑來跟我抱怨，我可以選擇接受抱怨，或者指出生命的光明面，我總是向他指出生命的光明面。」

清心自在

每天你都能選擇享受你的生命，或是憎恨它。這是唯一一件真正屬於你的權利：沒有人能夠控制或奪去的東西就是你的態度。如果你能時時注意到這個事實，你生命中的其他事情就會變得容易許多。

13 放下屠刀，立地成佛

憂勤是美德，太苦則無以適情怡性；淡泊是高風，太枯則無以濟人利物。

一個年輕人去拜訪一位住在大山裡的禪師，他們正在討論關於美德的問題。這時候，一個強盜也找到了禪師，他跪在禪師面前說：「禪師，我的罪過太大了，很多年來我一直寢食難安，難以擺脫心魔的困擾。所以我才來找你，請你為我澄清心靈。」

禪師對他說：「你找我可能找錯人了，我的罪孽可能比你的更深重。」

強盜說：「我做過很多壞事。」

禪師說：「我曾經做的壞事肯定比你還要多。」

強盜又說：「我殺過很多人，閉上眼睛我就能看見他們的鮮血。」

禪師回答說：「我也殺過很多人，我不用閉上眼睛就能看見他們的鮮血。」

強盜說：「我做的一些事簡直沒有人性。」

禪師回答：「我都不敢想那些以前我做過的沒有人性的事。」

強盜聽禪師這麼說，就用一種鄙夷的眼睛看了看禪師，說：「既然你是這麼一個人，為什麼還在這裡自稱為禪師，還在這裡騙人做什麼！」於是他起身輕鬆地下山去了。

年輕人在旁邊一直沒有說話，等到那個強盜離去以後，滿臉疑惑地向禪師問道：「你為什麼要這樣說，我很瞭解你是一個品德高尚的人，一生中從未殺生。你為什麼要把自己說成是十惡不赦的壞人呢？難道你沒有從那個強盜的眼中看到他已經對你失去信任了嗎？」

禪師說道：「他的確已經不信任我了，但是你難道沒有從他的眼睛中看到他如釋重負的感覺嗎？還有什麼比這樣更能讓他棄惡從善的呢？」

年輕人激動地說：「我終於明白了什麼叫做美德！」

遠處傳來那個強盜歡樂的叫喊聲：「我以後再也不做壞人了！」

這個聲音響徹了山谷。

清心自在

在佛家看來，美德就是用一切緣法度化眾人，有時候甚至不惜貶損自己，以增強被度化者的信心和勇氣。其實，這也是「我入地獄」的一種。

14 佛祖在心中

開悟的人到哪裡去？往生到哪裡去？開悟的人不必到哪裡啊，整個宇宙都是他的家。

過客問一名整日囚在寺廟中誦經的小和尚：「難道你不願意到外面的世界去嗎？」

「為何？」剛剛皈依佛門的小和尚不解地問。

「外面的世界寬敞明亮，要什麼有什麼，不愁吃喝，你何必在這裡做個苦修僧呢？」

「但我現在也很好啊！我每天一心向佛，佛祖賜我屋簷遮擋風雨，風不吹頭雨不打臉，還可以天天和師父交流得道的樂趣。」

「但是你自由嗎？」小和尚沉默了。於是，過客從懷裡掏出一扇門，並且以勝利者的姿態把小和尚帶到了外面的世界，安排在了一處豪華奢靡的人家。一年之後，過客突然想起了小和尚，便去看他。

他問小和尚：「啊，我的佛祖，你過得還好嗎？」

小和尚答道：「我佛慈悲，我活得還好。」

「那麼，你能談談在這個精彩的世界裡生活的感受嗎？」過客表現得很真誠的樣子說。

小和尚長歎一聲，說：「唉，這裡什麼都好，只是這寺廟太大了，我每天早上一醒來就看見滿院子的佛光普照，比起我待的那個小寺廟好多了。」

說話間，小和尚已然入定。真正心誠之人，不以外物所擾。因此，我們看待一個人也要看他內心，而不應該只看外表。

捨衛國有一個做清潔工作的婦人，天天打掃街道，十分勤勞。她的衣服很骯髒，市民都討厭她，見到她，總是掩著鼻子走過。

佛陀叫她來聽佛法，鼓勵她精進。城內的人都不贊成，跑來責問道：「佛陀啊！你常說清潔的話，教人做清淨的行為，為什麼要和骯髒的女人談話呢？難道你不覺得討厭嗎？」

佛陀嚴肅地看了他一眼，回答道：「這婦人保持城市清潔，對社會貢獻極大，而且她謙卑、勤勞，做事負責，為什麼要討厭她呢？」

這時，那婦人洗過澡，換了衣服，容光煥發，出來和大家見面。佛陀繼續說：「你們的外表雖然清潔，但是驕傲、無禮，讓心靈污穢了。要知道：她外表的骯髒容易洗淨，你們內心的骯髒才難於改善呀！」

城內的人知道錯了，從此再也不敢譏笑別人。

清心自在

從小到大我們便說著心靈美，可是我們大多數人還是用眼睛去看人，不是用心去看，因而心靈美就成了一句空洞的口號。所以，做人要用心做，看人要用心看，這才是人生的真諦。

一件事，想通了是天堂，
想不通就是地獄

CHAPTER.4

緣起即滅，緣生已空

今生的一次邂逅，定然孕育前世太多甜蜜或痛苦的回憶。
萬發緣生，皆系緣分！
偶然的相遇，驀然回首，注定了彼此的一生，
只為了眼光交會的剎那。

Smile

01

磨磚不能成鏡，靜坐又豈能成佛

人的最大不幸，是一直在追求錯誤的東西。

南嶽懷讓禪師有一弟子名叫馬祖，他在般若寺時整天盤腿靜坐著冥思，懷讓禪師便問弟子：「你這樣盤腿而坐是為了什麼？」

馬祖答道：「我想成佛。」

懷讓禪師聽完後，就拿了一塊磚在馬祖旁邊用力地在地上磨。

馬祖問：「老師，你磨磚做什麼？」

懷讓禪師答道：「我想把磚磨成鏡呀！」

馬祖又問：「磚怎麼能磨成鏡呢？」

懷讓就說：「磨磚不能成鏡，靜坐又豈能成佛？」

馬祖問道：「要怎樣才能成佛呢？」

懷讓答道：「就像牛拉車子，如果車子不動，你是打車還是打牛呢？」

馬祖啞口無語。

清心自在

懷讓禪師的這些話很平常，他用日常生活中的瑣屑事情使弟子的心思流向一個前所未有的方向，就像鐘錶的報時，當預定的時間到了，就會滴滴答答發出撞擊的聲音。我們的心之結構也像這機械一般，當某個時刻到了，那一向掩隱的屏幕拉開了，便會出現一個全新的展望，一個人的整個生活格調也會因之而驟變，此即為「悟」，或「頓悟」。

02

怨也是緣

故見怨或親，非理妄加害，思此乃緣生，受之甘如飴。

有位青年脾氣非常暴躁、易怒，喜歡與人打架，所以大家都不喜歡他。有一天青年無意中遊蕩到大德寺，碰巧聽到一休禪師正在說法，聽完後決定痛改前非，就對一休禪師說：「師父，我以後再也不跟人家打架爭吵了，免得人見人厭。就算是別人把唾沫吐到我的臉上，我也會忍耐地拭去，默默的承受。」

一休禪師說：「就讓唾沫自乾吧，不要去拂拭！」

「那怎麼可能？為什麼要這樣忍受？」

「這不是什麼忍受不忍受的問題，你就當作是蚊蟲之類停在臉上，不值得與它打架或者罵它。唾沫吐到臉上，也不是什麼大不了的侮辱，微笑著接受吧！」一休禪師和氣的說。

「如果拳頭打過來怎麼辦？」青年問。

「一樣呀，不要太在意！只不過一事而已。」一休禪師微笑著說。

青年終於忍耐不住，舉起拳頭向一休禪師的頭上打去，並問：「和尚，現在感覺怎麼樣？」

一休禪師非常關切地說：「我的頭硬得像石頭，沒什麼感覺，倒是你的手大概打痛了吧！」

青年啞然，無話可說。

佛法云：故見怨或親，非理妄加害，思此乃緣生，受之甘如飴。就是說當怨敵或親友無理傷害我們的時候，我們應立即想到「這些傷害都是從因緣聚合而生的」，於是欣然承受。

在日常生活中，每一個人總會遇到一些他人的傷害。一些怨敵會無端給自己製造眾多毆打、誹謗、侮辱、嘲諷……還有一些親友，以前也許相處得不錯，但到了某些時候，他們也會翻臉不認人，平白無故的鬧了許多是非，給我們帶來身心傷害。類似的事件，每個人都會有過親身的體驗。

面對他人的傷害，如果以牙還牙、以怨報怨，問題就會越來越嚴重。因為他人在進行傷害行為時，他的心也為煩惱所制而不能自主，如果在此時遇到了抵抗，定會如同火上澆油，嗔心就會更熾盛。

大家應知道，「沙門四法」的原則是：罵不還口，打不還手，不以嗔怒對嗔怒，不以揭短對揭短。如果以怨報怨，就違背了人必須遵循的行為準則，平時修持的功德，也就會在剎那之間毀壞殆盡。最終的結果，於人無益，於己有害，所以這種以怨報怨的行為，是萬萬不可採取的。

樂於忘記舊怨是一種保持心理平衡的方法。有一句名言叫做：「生氣是用別人的過錯來懲罰自己。」老是「念念不忘」別人的「壞處」，實際上最受其害的就是自己的心靈，把自己搞得痛苦不堪。這種人，輕則自我折磨，重則可能導致瘋狂的報復心理，最終害人害己。

樂於忘記舊怨是成大事者的一個特徵，只有既往不咎，才可甩掉沉重的心理包袱而大步前進。人要有「不念舊惡」的精神，最常見的就是在同事之間，許多情況下，人們誤以為「惡」的，又未必就真的是什麼「惡」。退一步說，即使是「惡」吧，對方心存歉疚，誠惶誠恐，你不念舊惡，以禮相待，說不定也能使對方改「惡」從善。

唐朝的李靖，曾任隋煬帝的郡丞，他最早發現李淵有圖謀天下之心，曾親自向隋煬帝檢舉揭發。李淵滅隋後要殺李靖，李世民反對這種報復行為，再三請求保他一命。後來，李靖馳騁疆場，征戰不疲，安邦定國，為唐朝立下赫赫戰功。

魏徵曾鼓動太子李建成殺掉李世民，李世民同樣不計舊怨，量才重用，使魏徵覺得「喜逢知己之主，竭其力用」，也為唐王朝立下了大功。

宋代的王安石對蘇東坡的態度，應當說，也是有那麼一點「惡」行的。他當宰相那陣子竭力推行變法，因為蘇東坡與他政見不同，便藉故將蘇東坡降職減薪，貶到了黃州，搞得他好不淒慘。

然而蘇東坡胸懷大度，他根本不把這事放在心上，更不念舊惡。王安石從宰相位子跌下來後，兩人關係反倒好了起來。蘇東坡不斷寫信給隱居金陵的王安石，或共敘友情，互相勉勵，或討論學問，十分投機。

相傳唐朝宰相陸贄，有職有權時，曾偏聽偏信，認為太常博士李吉甫結夥營私，便把他貶到明州做長史。不久，陸贄被罷相，貶到明州附近的忠州當別駕。後任的宰相明知李、陸有點私怨，便玩弄權術，特意提拔李吉甫為忠州刺史，讓他去當陸贄的頂頭上司，意在借刀殺人。想不到李吉甫不記舊怨，上任伊始，便特意與陸贄飲酒結歡，使那位現任宰相借刀殺人之陰謀成了泡影。

對此，陸贄深受感動，便積極出點子，協助李吉甫把忠州治理得一天比一天好。李吉甫不圖報復，寬待了別人，也幫助了自己。

將心比心，誰沒有過錯呢？

當我們有對不起別人的地方時，是多麼渴望得到對方的寬容和諒解啊！所以，當別人做出有害於我們的事情的時候，也要用寬容的心態來面對。

印度現代民族解放運動領袖、非暴力主義倡導者、聖雄甘地也是個「以德報怨」的典範。他從小在家庭中接受了印度教的影響，並將「愛」的思想作為基礎，作為處世的哲學，主張「逢惡報善，以德報怨」。

一九〇四年，甘地閱讀了托爾斯泰的《天國就在你心裡》和英國作家魯斯金《等到這最後》之後，大徹大悟，認為人與人的關係均應以愛為宗旨。從此，直到去世他一直過著苦行僧式的生活，將自己的整個身心都投入到民族解放鬥爭中。

當他為了讓印度教徒和穆斯林停止衝突，而不斷用非暴力的絕食來感化他們時，一個印度教青年卻企圖刺殺他，當他倖免於難後，仍以德報怨，以仁愛的精神和寬容的胸懷，請前來的警察不要對這個青年施以暴刑，勸導他改惡從善。

他死後人們給了他極大的讚譽，稱他為印度的「國父」，連擔任過印度總督的英國將軍蒙巴頓都稱：「聖雄甘地的英名，將如同釋迦牟尼和基督那樣千古永垂。」

以德報怨並不是那些偉人們的專利，在我們的現實生活中用這樣的心態來待人處事，你會發現得到的比失去的更多。

清心自在

以德報怨，化敵為友，是知足常樂的智慧，是聰明人的處世原則。唯有如此，才能讓你的朋友越來越多，敵人越來越少。反之，如果你以怨報怨，別人傷害了你，你便想方設法用雙倍來償還，那麼最終的結局只能是兩敗俱傷。

03

境由心生

心寧則智生，智生而事成。

從前，有一個持戒僧，一生嚴格持戒，對自己從未放鬆過。有一天晚上，持戒僧因事外出。這晚天色漆黑，持戒僧走得非常匆忙，突然腳下好像踩著了什麼東西，那東西還發出了很痛苦的叫聲。

持戒僧想：糟了，是隻蛤蟆吧？肯定是隻蛤蟆！天吶，我殺生了！母蛤蟆肚子裡說不定還有好多仔，這下殺生無數了，持戒僧當時又驚又悔。這晚，他躺在床上，想著那死去的蛤蟆久久無法入睡。

後來，持戒僧好不容易睡著了，卻突然看到數百隻蛤蟆前來索命，持戒僧嚇得大叫一聲醒來，方知剛才只不過是一個噩夢。

終於等到天亮，持戒僧急匆匆地來到昨晚的事故現場，沒有看到蛤蟆可憐的屍體，卻看到一隻被踩爛的老茄子躺在路中央。原來如此！持戒僧長出一口氣，這才放下心來。

境由心生，疑心太重的人總是杯弓蛇影，自己讓自己得不到安寧。因而，如果做到佛法中的無我、淨心是非常困難的。修行者尚且如此，何況凡夫俗子。

在一座深山中，有一個平和安樂的小村莊。

有一天，村莊來了一個奇特的老人，他在眾目睽睽之下，生了一把火，並且用一根棍子在碗裡不停地攪拌，攪著攪著，竟然從碗中掉出一粒粒的金塊來。

村裡的人十分驚訝，老人說這就是煉金術，只要把一些泥土和水放在碗中攪一攪，再用火燒一燒，就會煉出金子來。

村長請求老人告訴他們祕訣。經不住村民一再的懇求，老人終於點頭答應了。

老人說：「在煉金的過程中，千萬不可以想樹上的猴子，否則就煉不出金塊來。」

大家覺得很容易辦到，等老人走了以後，由村長開始煉金，他一直告訴自己，不可想樹上的猴子，可是越不想，偏偏猴子越是不斷的浮現在眼前。他只好交給另一個人，並一再叮嚀不可想樹上的猴子。

就這樣，全村的人都試過了，卻沒有一人能煉出金子，因為樹上的猴子，總是一直從他們心中跑出來。

這個故事告訴我們，做一件事，尤其是做一件很簡單的事情，一個人能做到百分之百的完全投入是相當難的。大凡到過日本京碧寺的人，都會見到山門匾額上的「第一議諦」四個大字。這是一件書法傑作，吸引了許多人駐足觀賞。

這四個字是二百多年前洪川大師的手跡。洪川大師只這四個字，就寫了八十五遍！

洪川大師每寫一字，都要精心構思，反覆揣摩，真可謂嘔心瀝血。

然而，替他磨墨的那位弟子，卻是個頗具眼力而又直言無諱的人。洪川的每一點捺，若有一點瑕疵，他都會「挑剔」出來。

「這幅寫得不好。」洪川寫了第一幅以後，這位弟子這麼批評。

「那這一幅呢？」

「更糟，比剛才那幅還差。」弟子搖頭說。

洪川是個做事一絲不苟，力求完美的人，不願意敷衍了事。

因此，他耐著性子先後寫了八十四幅「第一議諦」。

遺憾的是，沒有一幅得到這位弟子的讚許。

最後，在這位「苛刻」的弟子離開片刻的當下，洪川鬆了一口氣，心想：這下我可以避開他那雙銳利眼睛了。

於是，洪川在心無所羈的心境下，自由自在地揮就第八十五幅「第一議諦」四個大字。

他的弟子回來一看，翹起大拇指，由衷地讚歎道：「精品」。

清心自在

俗話說，心靜自然涼。可見這個「心」在我們的生命中占據著怎樣的地位。然而，若想「心靜」則必須先「淨心」。

一個整天胡思亂想、疑心重重的人是無論如何也不會淨心的。這種人，即便有理想、有抱負，也很難實現，因而只能在心浮氣躁中消耗殘生。而那些心無旁騖、從一而終的人最終往往會成為一代宗師。

04

一切都是緣，要學會包容

包容是一種對無心者的寬宥，是一種對年少者的諒解。

在江邊，一個船夫正將沙灘上的渡船推向江裡，準備載客渡江。有一位居士在江邊散步，看到這一情景若有所思。

這時剛好有一位禪師路過，居士於是快步向前，作禮請示道：「請問禪師，剛才船夫將船推入江時，將江灘上的螃蟹、蝦、螺等壓死不少。請問這是乘客的罪過？還是船夫的罪過？？」

禪師毫不猶豫地回答道：「既不是乘客的罪過，也不是船夫的罪過。」

居士不解地問道：「乘客和船夫都沒有罪過，那麼是誰的罪過呢？」

禪師兩眼圓睜，大聲道：「是你的罪過！」

佛教雖然講六道眾生，但是以人為本，站在人本的立場，真理不能說破，事相有時也不能說破。

船夫為了生活賺錢，乘客為了事務搭船，蝦蟹為了藏身被壓，這是誰的罪過？

「罪孽本空由心造，心若亡時罪亦無」。無心怎能造罪？縱有罪，也是無心之罪。而這位居士無中生有，妄自分別，難怪禪師要毫不客氣的呵斥他「這是你的罪過」。

刻意去尋找別人的過錯，其實是自身狹隘的表現。懂得包容的人，不僅給別人一份安逸，給自己一份寧靜，也許，還會有一份意外的收穫。

一個小學校長在他的校園裡巡視，當他走到教學大樓後面一條正在鋪築水泥的小路前時，他發現還沒有完全凝固的水泥面上有兩顆玻璃球。

他繞過去，盡量靠近那兩顆玻璃球。他想，一定是孩子們在課間玩耍時一不留神把玻璃球彈到了這裡，如果現在不趕快把它們摳出來，等水泥完全凝固了，那玻璃球就成了永遠的鑲嵌物。他彎下腰，準備伸手去摳玻璃球。

突然，有兩個男孩吃吃的笑著，手拉手從他身邊飛快跑過，跑出幾十米後，又警覺地回頭，似乎是擔心會遭到校長的指責。校長想了一下，似乎意識到了什麼，他擺擺手，示意那兩個男孩過來。

男孩吐著舌頭膽顫心驚的走過來，手緊緊的捂著口袋。

校長微笑著對他們說：你們能不能借給我一樣東西？

倆人齊聲問：什麼東西？校長說：你們口袋裡的東西——玻璃球。

兩個男孩驚訝萬分，低著頭，不敢迎視校長的目光。口袋裡一陣清脆聲響之後，十多顆玻璃球交到了校長手裡。

校長俯下身子，像個淘氣的孩子，把玻璃球一顆一顆按到水泥路面上。兩個男孩連忙向校長認錯，承認原先那兩顆玻璃球是他倆按進去的，並後悔的說「再也不敢了」，校長聽了爽聲大笑起來。他說：「為什麼要認錯呢？我表揚你們兩個還怕來不及呢！你們看，水泥路面原本多麼灰暗、多麼單調，但是，鑲上了玻璃球之後就顯得多麼耀眼、多麼漂亮，告訴你們的同學，讓大家把玩過的玻璃球、小貝殼、彩色石子全都拿來，砌出你們自己喜歡的圖案：心形、圓形、三角形、什麼圖形都可以，我們來把這條路鋪成一條五彩路！」

多少年過去，當年的孩子又有了孩子。當他們滿懷信任地將自己的孩子再度送進自己的母校時，總忘不了牽著孩子的手，帶他們來走這條五彩路。

那些美麗自由的圖案附著少年花樣的夢想，被一條緞帶般的甬路闡釋得很具體很透闢。不再年少的心澎湃著，激盪著，在分享不盡的一份包容與睿智面前，再一次感受到生活的美好，再一次吸取了奮進的力量。

清心自在

很多事情，我們睜一隻眼閉一隻眼就過去了，並不需要苛盡職責，追查到底，正所謂「難得糊塗」，何必那樣傷人累己呢？包容不同於縱容，而是一顆寬大的胸懷。

05

愛是生命最好的養分

愛與恨僅一線之隔，既然如此，為何不能愛呢？

孟子說：看待父親、兄弟和君上像自己一樣，怎麼會做出不孝的事呢？的確，如果一個人把愛別人如同愛自己一樣，那麼他才能真正的善待別人。假如你這樣做了，那麼不僅是你自己得到了昇華，而且被你愛的人也得到了愛的養分，他將會加倍的回報於你。

有一位老人，因為衰老逐漸喪失了工作能力。她的兒子就千方百計想遺棄她，於是狠心地背著她往深山裡走。

途中，這個兒子一路上都聽到背上的母親折斷樹枝的聲音，心想：一定是她怕被遺棄之後，無法自己識路下山，因此沿路做上記號。他不以為意地繼續往深山裡面走，好不容易到達目的地之後，他放下背上的老母親，毫無感情、狠心地對她說：「我們就在這裡分別吧！」

這時候，他母親慈祥地說道：「上山的時候，沿途都有折斷樹枝的記號，你只要順著記號下山，就可以安然回到家了。」

這位老母親並不在意兒子的大逆不道，反而沿途幫他做了記號，使其在返家的路途中不會迷路，這種偉大的母愛，終於喚醒了兒子的良知。他趕緊向母親賠罪，又將她背回家，從此對母親百依百順。

這位母親用愛教育了兒子，用愛滋養了兒子，進而也收穫了兒子的愛。愛是生命中最好的養分，只要有愛就有彩虹，生命就有希望。

從前，美國有一個小男孩，幾乎認為自己是世界上最不幸的孩子，他因為罹患了脊髓灰質炎，而留下了瘸腿和參差不齊且突出的牙齒。他很少與同學們一起遊戲和玩耍，老師叫他回答問題時，他也總是低著頭一言不發。

在一個平常的春天，小男孩的父親從鄰居家討了些樹苗，他想把它們栽在房前。他叫孩子們每人栽一棵，然後告訴他們，誰栽的樹苗長得最好，就給誰買一件最喜歡的禮物。

小男孩也想得到父親的禮物，但看到兄妹們那蹦蹦跳跳提水澆樹的身影，不知怎麼地，他萌生出一種陰冷的想法：希望自己栽的那棵樹早日死去。因此，澆過一、兩次水後，他再也沒去搭理它。

幾天後，小男孩再去看他種的那棵樹時，驚奇地發現它不僅沒有枯萎，而且還長出了幾片新葉子，與兄妹們種的樹相比，顯得更嫩綠，更有生氣。父親兌現了他的諾言，為小男孩買了一件他最喜愛的禮物，並對他說，從他栽樹來看，他長大後一定能成為一個出色的植物學家。

從那以後，小孩慢慢地變得樂觀向上。

一天晚上，小男孩躺在床上睡不著，看著窗外那明亮皎潔的月光，忽然想起生物老師曾說過的話：植物一般都在晚上生長。何不去看看自己種的那棵小樹？當他輕手輕腳來到院子裡時，卻看見父親用勺子在向自己栽種的那棵小樹下潑灑著什麼。頓時，一切都明白了，原來父親一直在偷偷地為自己栽種的那棵小樹施肥！他返回房間，任憑淚水肆意地奔流……

幾十年過去了，那瘸腿的小男孩儘管沒有成為一個植物學家，但他卻成為美國總統，他的名字叫富蘭克林・羅斯福。

清心自在

愛是生命中最好的養分，哪怕只是一勺清水，它都能使生命之樹茁壯成長。也許那樹是那樣的平凡，不顯眼；也許那樹是如此的瘦小，甚至還有點枯萎，但只要有這養分的澆灌，它就能長得枝繁葉茂，甚至長成參天大樹。

用一份愛人如己之心對待每一個人，每一件物，把周圍變成愛的海洋，你自己也就可以享受在愛的世界裡了。

06

心中有路

事無礙、理無礙、理事無礙、事事無礙。

有一個富人要在院中建造樓閣，請了一位風水先生，風水先生看過之後，說風水不好，住在這個地方會破財，留不住人。

於是這個富人就請了一尊密宗的佛像放在樓梯口，說這樣風水就轉過來了，會聚財、能留住人。

正好一位得道禪師經過這裡，得知此事後，便笑道：「這樣你依然留不住人財。」

富人問道：「那請法師開示，如何才能報得平安呢？」

法師道：「該平安的終究平安，如有罪業，如何都難以逃出因果。自心為正，一切則平，皆為善果。」說完便輕步而去。

明理的人曉得，建築與命運並無關係。關鍵是住在這裡面的人的心。如果他的心正、行正，自然諸佛護念，龍神護佑；如果他的心術不正、言行不正，就有魔來護持他，那就屬於魔境。

所謂「事無礙、理無礙、理事無礙、事事無礙」，這是佛境界。到無障礙的境界，命運、風水也就都沒有了。修禪，要時時覺而不迷，刻刻覺而不迷，在一切人、事、物，順境、逆境，善緣、惡緣之中，都要保持覺而不迷。

一天早晨，倫敦城大霧瀰漫，一片灰濛濛，要看清楚一、兩英尺遠的地方都十分困難。公車、小轎車和計程車都無法行駛被迫停在路邊。大街上，人們只好在大霧中慢慢地步行。

史密斯要去學院參加一個重要的會議，必須準時趕到那裡。他心急如焚，只好摸索著往前走，沒過多久他就像其他一些行人一樣迷路了。

就在這時，史密斯遇到了一個熱心的人，對方主動地問他有何困難，需要什麼幫助，並介紹說自己名叫鮑勃。在得知史密斯有急事後，鮑勃自告奮勇地替他帶路。就這樣，他們倆寸步不離地行走在濃霧之中。雖然街上能見度很低，但鮑勃卻毫不費力地走著。他領著史密斯走過一條巷子，接著拐進一條大街，然後通過一個廣場，只用了半個小時就到了學院。

史密斯十分高興，但不明白這位好心人為什麼這樣駕輕就熟。

「鮑勃先生，真是太感謝您了！」他隨即問道，「在這樣的大霧裡，您是怎樣找到路的？」

「先生，再大的霧也難不倒我，我是一個盲人。」鮑勃說。

盲人之所以不會迷路，只因為他心中有路。

清心自在

萬法皆通，在於一心。一切情、理、名、利，一切困難、艱險都是外在的，對於心中有路的人來說都是暫時的，而對於那些眼雖亮而心盲者來說，即便是小小的困囿也不能掙脫，甚至有時候竟然會付出生命的代價。

07 緣起緣滅，泥濘留痕

在順境中修行，永遠不能成佛。

經歷了風雨才能見到彩虹，美國總統林肯的一生充分證明了這句話的價值。

一八三二年，林肯失業了，這顯然使他很傷心，但他下定決心要當個政治家，當州議員。糟糕的是，他競選失敗了。在一年裡遭受兩次打擊，這對他來說無疑是痛苦的。

接著，林肯著手自己開辦企業，但一年不到，這家企業就倒閉了。在以後的十七年間，他不得不為償還企業倒閉時所欠的債務而到處奔波，歷盡磨難。

隨後，林肯再一次決定參加競選州議員，這次他成功了。他內心萌發了一絲希望，認為自己的生活有了轉機：「我可能可以成功了！」

一八三五年，他訂婚了。但離結婚還差幾個月的時候，未婚妻不幸去世。這對他精神上的打擊實在太大了，他心力交瘁，數月臥床不起。

一八三六年，他得了神經衰弱症。

一八三八年，林肯覺得身體狀況良好，於是決定競選州議會議長，可是他失敗了。一八四三年，他又參加競選美國國會議員，但這次仍然沒有成功。

林肯雖然一次次地嘗試，但卻是一次次地遭受失敗：企業倒閉、情人去世、競選敗北。要是你碰到這一切，你會不會放棄——放棄這些對你來說是重要的事情？

林肯沒有放棄，他也沒有說：「要是失敗會怎樣？」

一八四六年，他又一次參加競選國會議員，最後終於當選了。

兩年任期很快過去了，他決定要爭取連任。他認為自己作為國會議員表現是出色的，相信選民會繼續支持他。但結果很遺憾，他落選了。

因為這次的競選他賠了一大筆錢，林肯申請當本州的土地官員。但州政府把他的申請退了回來，上面指出：「作本州的土地官員，必須要有卓越的才能和超常的智力，你的申請未能滿足這些要求。」

接連又是兩次失敗。在這種情況下你會堅持繼續努力嗎？你會不會說「我失敗了」？

然而，林肯沒有服輸。

一八五四年，他競選參議員，但失敗了；兩年後他競選美國副總統提名，結果被對手擊敗；又過了兩年，他再一次競選參議員，還是失敗了。

林肯嘗試了十一次，卻只成功了二次，他一直沒有放棄自己想追求的理想，他一直在做自己生活的主宰。

一八六〇年，他當選為美國總統。

清心自在

走過泥濘的路，方能留下你的腳印。其實人生正是這樣，任何一個偉大的人都會有相當長的一段磨礪期，那些整日躲在溫室裡的花朵，最終只能在無情的時光裡悄悄地凋零。

08

人生有個檸檬就做杯檸檬汁

平常無所事事，讓時間空過，人生就在懈怠睡眠中慢慢地墮落，良知良能就這樣睡著了，如此的生命只能叫做「睡中人」。

有位孤獨者依靠著一棵樹曬太陽，他衣衫襤褸，神情萎靡，不時有氣無力地打著哈欠。

一位僧人從此處經過，好奇地問道：「年輕人，如此好的陽光，如此難得的季節，你不去做你該做的事情，懶懶散散地曬太陽，豈不辜負了大好時光？」

「哎！」孤獨者歎了一口氣道：「在這個世界上，除了我自己的軀殼外，我一無所有。我又何必費心費力地去做什麼事呢？每天曬曬我的軀殼，就是我做的所有事情了。」

「你沒有家？」

「沒有。與其承擔家庭的負累，不如乾脆沒有。」孤獨者說。

「你沒有你的所愛？」

「沒有，與其愛過之後便是恨，不如乾脆不去愛。」

「你沒有朋友？」

「沒有。與其得到還要失去，還不如乾脆沒有朋友。」

「你不想去賺錢？」

「不想。千金得來還復去，何必勞心費神動軀體？」

「噢！」僧人若有所思，「看來我得趕緊幫你找根繩子。」

「找繩子做什麼？」孤獨者好奇地問。

「幫你自縊。」

「自縊？你叫我死？」孤獨者驚詫道。

「對。人有生就有死，與其生了還會死去，不如乾脆就不出生。你的存在，本身就是多餘的，自縊而死，不是正合你的邏輯嗎？」孤獨者無言以對。

人生在世，如果太閒散了就失去了生活的意義了，還不如死了的好。其實，大多時候生活並不需要我們去做什麼轟轟烈烈的事，只要從身邊力所能及的一點一滴做起就好。

有位記者曾到芝加哥大學訪問羅伯特・哈金斯校長，請教他是如何對待生活中的不利因素的。他的回答是：「我一直遵循已故的西爾斯百貨公司總裁朱利斯・羅森沃德的建議：『如果你手中只有一個檸檬，那就做杯檸檬汁吧！』」

這正是那位芝加哥大學校長所採取的方法，但一般人卻剛好反其道而行之。如果人們發現命運送給他的只是一個檸檬，他會立即放棄，並說：「我完了！我的命怎麼這麼不好！一點機會都沒有。」於是他與世界作對，並且陷入自憐之中。如果是一個聰明人得到了一個檸檬，他會說：「我可以從這次不幸中學到什麼？怎樣才能改善我目前的處境？怎樣把這個檸檬作成檸檬汁？」

心理學家阿德勒，窮其一生都在研究人類及其潛能，他曾經宣稱他發現了人類最不可思議的一種特性——「人天生具有一種反敗為勝的力量」。

一位名叫瑟爾瑪．湯普森的女士講述她自己的經歷，正好印證了這句話。

戰時，我丈夫駐防加州沙漠的陸軍基地。為了能經常與他相聚，我搬到那附近去住，但那實在是個可憎的地方，我簡直沒見過比那更糟糕的地方。

我丈夫出外參加演習時，我只能一個人待在那間小房子裡。熱得要命——仙人掌樹蔭下的溫度高達華氏一百二十五度，沒有一個可以談話的人。風沙很大，所有我吃的、呼吸的都充滿了沙、沙、沙！

我覺得自己倒楣到了極點，更覺得自己好可憐，於是我寫信給我父母，告訴他

們我要放棄了，準備回家，我一分鐘也不能再忍受了，我情願去坐牢也不想待在這個鬼地方。

父親的回信只有三句話，這三句話常常縈繞在我心中，並改變了我的一生：「有兩個人從鐵窗朝外望去，一個看到的是滿地的泥濘，另一個人卻看到滿天的繁星。」

我把這幾句話反覆念了好幾遍，我覺得自己很丟臉。決定找出自己目前處境的有利之處，我要找尋那一片星空。

我開始與當地居民交朋友，他們的反應令我心動。當我對他們的編織與陶藝表現出很大的興趣時，他們會把拒絕賣給遊客的心愛之物送給我。我研究各式各樣的仙人掌及當地植物。我試著多認識土撥鼠，我觀看沙漠的黃昏，找尋三百萬年前的貝殼化石，原來這片沙漠在三百萬年前曾是海底。

是什麼帶來了這些驚人的改變呢？沙漠並沒有發生改變，改變的只是我自己。因為我的態度改變了，正是這種改變使我有了一段精彩的人生經歷，我所發現的新天地令我覺得既刺激又興奮。我著手寫一本書——我逃出了自築的牢獄，找到了美麗的星辰。

清心自在

最美好的事往往也是最困難的。當我們發現自己一無所有的時候，我們應該想到，至少我們還活著。只要活著，一切都有可能。當我們面對惡劣的處境無法度過的時候，我們也應該明白，只有死人才不會有煩惱。

所以，改變人生的態度，需用一雙積極的眼睛來看待世界，任何困難便都不在話下，但關鍵是你要行動起來。

09 不要為明天的落葉操心

無論你今天怎麼用力，明天的落葉還是會飄下來。

有個小和尚每天早上負責清掃寺廟院子裡的落葉。

清晨起床掃落葉實在是一件苦差事，尤其是在秋冬之際，每一次起風時，樹葉總會隨風飛舞落下。

每天早上都需花費許多時間才能清掃完樹葉，這讓小和尚頭痛不已。他一直想要找個好辦法讓自己輕鬆些。

後來，有個大和尚跟他說：「你在明天打掃之前先用力搖樹，把落葉統統搖下來，後天就不用再掃落葉了。」

小和尚覺得這是個好辦法，於是第二天他起了個大早，使勁地猛搖樹。他想：這樣，就可以把今天跟明天的落葉一次掃乾淨了。

一整天，小和尚都非常開心。

第三天，小和尚到院子一看，不禁傻眼了。院子裡的落葉如往日一樣滿地都是。

一位老和尚走了過來，對小和尚說：「傻孩子，無論你今天怎麼用力，明天的落葉還是會飄下來。」

小和尚終於明白了，世上有很多事是無法提前的，唯有認真地活在當下，才是最真實的人生態度。

落葉就如同煩惱，它並不會因為你今天多經受了，而明天就會少一些，所以大可不必為明天的事憂心。

小劉躺在床上翻來覆去，就是睡不著覺，他的妻子不停地勸慰他。

小劉一下子從床上坐起來，說：「老婆，明天就到還錢的日子了，可是我們家哪有錢還債啊！」

妻子說：「睡吧，別胡思亂想了，想死了還不是還不了債。」

小劉說：「那個債主凶得很，如果我們不還錢給他，他一定不會罷休。老婆，我該怎麼辦？」

妻子又說：「先睡吧！或許明天早上一起來，我們就有辦法了，說不定我們會借到錢還債的。」

小劉焦慮地說：「不行啊！要是還不出債，明天我就等著挨揍了！」

CHAPTER .4

緣起即滅，緣生已空

妻子實在忍不住了，爬上屋頂，對鄰居家的債主大聲吆喝：「喂！我告訴你，我丈夫明天就該還債。但是你聽清楚，我丈夫沒錢，明天仍然還不了你的債！」說完妻子回到家裡，對小劉說：「你快睡吧！這回睡不著覺的該是他了！」

根據一項調查顯示，四十%的人身處焦慮之中，為的是明天可知的或不可知的變化煩心。

在日常生活中，我們聽到的最頻繁的一句話就是：噢，煩死了！

會在一定的時刻被焦慮所困擾，在不知不覺間，焦慮就像蛇一樣慢慢地纏過來，我們被它包裹，無法動彈。無論你是有錢還是沒錢，你是位高權重的，或是普通凡人，都無法擺脫焦慮的侵擾。

如果我們每天面臨著一大堆焦慮的事情，心情就會變得很煩躁，很沒有耐心，甚至會大發脾氣，認為自己受到傷害。

但是，雖然你在不停地抱怨這、抱怨那，甚至說出「我想改變」之類的話。而你卻又擔心改變的後果，猶豫不決，除了抱怨並沒有採取實際行動去改變。於是，什麼也不會改變。

清心自在

該來的自然會來，該去的自己會去。不為明天的憂愁而煩惱，不為將來苦悶所羈絆，這樣才能過上輕鬆快活的日子，才能心胸曠達的面對生活！

10 因緣

世之治亂，國之存亡，民之死生，只是個我也作用。只無我了，便是天清地寧、民安物阜世界。

有一個乞丐，總是躲在寺廟的一個角落裡靜靜地合掌念佛，然後就去乞討。

每當有人施捨的時候，他總是面露喜色，不停地說：「因緣！因緣！」即使不給，他也會說：「因緣！因緣！」小孩子用石頭打他，他也只是說：「因緣！因緣！」

因此，人們稱他為「因緣乞丐」。

晚上，他沒有住的地方，就在別人的屋簷下過夜。

一個寒風刺骨的晚上，一個書生因為天黑沒有看見他，竟在他頭頂上小解。

乞丐醒來，喃喃地說：「因緣！因緣！」

書生大吃一驚，不停地道歉。

乞丐急忙說：「不敢當，不敢當，都怪我睡錯地方，嚇著了你，這也是你我的因緣。你向一個乞丐道歉，實在是讓乞丐不安！」

書生被他深深地感動了，立刻向他許諾說：「只要我死在你的後面，我一定厚葬你！」

沒過多久，因緣乞丐就在一家人的屋簷下死去了。

書生信守諾言，為乞丐舉行了隆重的葬禮，然後將其火化。

奇怪的事發生了，乞丐居然在火焰中獲得了重生，他渾身散發著耀眼的金光，向書生說道：「感謝你將我的肉身超度，剩下的東西算是給你的補償。」然後就消失了。

後來，書生在乞丐的骨灰中發現了幾十顆水晶般透明的紫色舍利子。

如果你幫助其他人獲得他們需要的東西，你也因此而得到想要的東西，而且你幫助的人越多，你得到的也越多。

一個刮著北風的寒冷夜晚，路邊一間簡陋的旅館迎來一對上了年紀的客人，不幸的是，這間小旅館早就客滿了。

「這已是我們尋找的第十六家旅社了，這鬼天氣，到處客滿，我們怎麼辦呢？」這對老夫妻望著店外陰冷的夜晚發愁。

店裡小夥計不忍心這對年老的客人受凍，便建議說：「如果你們不嫌棄的話，今晚就睡我的床吧，我自己打烊時在店裡打地鋪。」

老年夫妻非常感激，第二天照店價要付客房費，小夥計堅決拒絕了。

臨走時，老年夫妻開玩笑似的說：「你經營旅館的才能，夠格能當一家五星級酒店的總經理。」

「不敢當！不敢當！起碼收入多少可以養活我的老母親。」小夥計隨口應和道，哈哈一笑。

沒想到兩年後的一天，小夥計收到一封寄自紐約的來信，信中夾有張紐約的來回機票，信中邀請他去拜訪當年那對睡他床鋪的老夫妻。

小夥計來到繁華的大都市紐約，老年夫妻把小夥計帶到第五大街三十四街交匯處，指著那兒一幢摩天大樓說：「這是一座專門為你興建的五星級賓館，現在我正式邀請你來當總經理。」

年輕的小夥計因為一次舉手之勞的助人行為，美夢成真。這就是著名的奧斯多利亞大飯店經理喬治・波非特和他的恩人威廉先生一家的真實故事。

清心自在

助人為樂，與人為善。往往就這麼簡單，幫助別人一般不會讓自己損失什麼，恰恰相反，有時還會給自己帶來意想不到的好運。

11

一切皆隨緣

有求皆苦，無求乃樂，打破執著，是「無所求行」。

三伏天，禪院的草地枯黃了一大片。

「快撒點草種子吧！好難看哪！」小和尚說。

「等天涼了。」師父揮揮手，「隨時！」

中秋，師父買了一包草籽，叫小和尚去播種。

秋風起，草籽邊撒邊飄。

「不好了！好多種子都被吹飛了。」小和尚喊。

「沒關係，吹走的多半是空的，撒下去也發不了芽。」師父說，「隨性！」

撒完種子，跟著就飛來幾隻小鳥啄食。

「要命了！種子都被鳥吃了！」小和尚急得跳腳。

「沒關係！種子多，吃不完！」師父說，「隨遇！」

半夜一陣驟雨，小和尚早晨衝進禪房：「師父！這下真的完了！好多草籽都被雨沖走了！」

「沖到哪兒，就在哪兒發！」師父說，「隨緣！」

一個星期過去。原本光禿的地面，居然長出許多青翠的草苗。一些原來沒播種的角落，也泛出了綠意。

小和尚高興得直拍手。

師父點頭：「隨喜！」

佛家講求的是「一切隨緣」、「順其自然」。一切隨緣才能保持心態的平和；順其自然，才能把握機緣，促使一切水到渠成。在我們的生活中也一樣，用一種順其自然的心態來面對，就會發現其實事情往往不像我們想像的那麼複雜。

天熱了，學校離海邊不遠，校長把學生帶到海邊去玩。他自己站在水深處，規定學生以他為界，只准在水淺處玩。

小孩都樂瘋了，連極膽小的也下了水。

終於，大家都玩得盡興極了，紛紛上岸。這時發生了一件事，把校長嚇得目瞪口呆。

原來，那些一、二年級的小女孩上了岸後，覺得衣服濕濕的不舒服，便當眾把

衣服脫了，在那裡擰起水來。

光天化日之下，她們竟成了一群小小天體營。

校長第一個衝動便是想衝上前去喝止——但幸好，憑著一個教育家的直覺，他等了幾秒鐘。這一等的功夫，他發現四下裡其實沒有人大驚小怪。高年級的同學沒有投來異樣的眼光，傻傻的小男生更不知道他們的女同學不夠淑女，海灘上一片天真歡樂。

小女孩做的事不曾騷擾任何人，她們很快擰乾了衣服，重新穿上——像船過水無痕，什麼麻煩也沒有留下。

不難想像，如果當時校長一聲吼罵，會給那次快樂的海灘之旅帶來多麼尷尬的陰影。小女孩會永遠記得自己當眾丟了臉，而大孩子便學會了鄙視別人的「無行」，並為自己的「有行」而沾沾自喜。

他們是不必拭擦塵埃的，因為他們是大地，塵埃對他們而言是無妨無礙的，他們不必急著學會為不合禮俗規範而羞慚。他們何必那麼快學會成人社會的瑣碎小節。

清心自在

佛家講求「一切隨緣」、「順其自然」，所以我們沒有必要一味戴著有色眼鏡去看待這個世界：誰必須怎樣，這件事必須這樣做，否則就是不道德，就是錯誤。其實，很多事情如果沒有那些神經質的傢伙大叫：「不得了啦！問題可嚴重啦！」原來也可以不成其為問題的。

CHAPTER.5

一切皆為虛幻

所有相皆是虛妄；一切有為法如夢幻泡影，
如露亦如電，當作如是觀。
名利於我如浮雲，但又有多少人可以看透虛幻，置身事外呢？

Smile

01
看破虛幻，容者無敵

忍耐無爭也，可辱而不可輕；其無怨也，可同而不可損。

義青禪師在尚未正式開示說法前，曾在法遠禪師處求法。有一次，法遠禪師聽聞圓通禪師在鄰縣說法，便讓義青禪師去他那裡求法。

義青禪師極不願意，他認為圓通禪師並不比自己高明，但又不願違逆法遠禪師，便不情不願地去了。

但到了圓通禪師那裡，義青禪師並不參禪問法，而只是一味的貪睡。

執事僧看不過去，就告訴圓通禪師說：「堂中有個僧人總是白天睡覺，應當按法規處理了。」

圓通禪師很是驚訝，問道：「是誰？」

執事僧回答：「義青上座。」

圓通禪師想了想，便說：「這事你先不要管，待我去問一問。」

圓通禪師帶著拄杖走進了僧堂，果然看到義青正在睡覺。

圓通禪師便敲擊著義青禪師的禪床呵斥說：「我這裡可沒有閒飯，給只會睡大覺的上座吃。」

義青禪師卻似剛睡醒般地問道：「和尚叫我幹什麼？」

圓通禪師便問：「為什麼不參禪去？」

義青禪師回答：「食物縱然美味，飽漢吃來不香。」

圓通禪師聽出義青禪師話裡的機鋒，說：「可是不贊成上座的有很多人。」

義青禪師則胸有成竹地回答：「等到贊成了，還有什麼用？」

圓通禪師聽其話，知其來歷一定不凡，就問：「上座曾經見過什麼人？」

義青禪師回答：「法遠禪師。」

圓通禪師笑道：「難怪這樣頑賴！」

隨之，兩人握手，相對而笑，再一同回方丈室。義青禪師因此而名聲遠揚。

俗話說：「最大的是心，最小的也是心。」做人，唯有寬大容物才能成就自己。胸襟寬廣，就能夠團結一切人，能夠成就大事。反之，心胸狹窄，容不得他人強過自己，容不得他人輕視自己，很多時候只會使自己局限於一隅，難以有所建樹。

容人是一種美德，是一種思想修為，更是一種高尚的品德。

一個人越能夠容人之攻——對別人不妥的譏諷之詞不計較；容人之長——對別人的優點虛心學習；容人之短——對別人的缺點正確看待；容人之過——對別人的錯誤不記舊帳，其包容心愈大，成就的事業也就愈大。所以，要想成為一個偉大的人，必須有容人的雅量。反過來講，只有自己能容人，別人才能容自己。

劉邦能夠打敗西楚霸王項羽，一統天下，就在於劉邦有容人之量，善用人才。

不僅劉邦，縱觀歷史，具有容人雅量，因容人而成功的帝王將相比比皆是。齊桓公不計管仲一箭之仇，反而用他為相，終於成就霸業。秦穆公不記恨寶馬被人吃掉，反而賜美酒招待吃馬之人；楚莊王不怪罪臣下對自己妻妾的調戲，反而命大家扯冠帶以助其脫困。這些人的容人雅量，無形中都救了自己一命。至今「秦穆飲盜馬」、「楚客報絕纓」仍為後世所傳頌。

此外，藺相如不計較廉頗的侮辱，反而處處避讓，終於感動廉頗，成就將相和的佳話。

唐高祖時，諫議大夫魏徵曾勸太子李建成早日殺掉秦王李世民，後來李世民發動玄武門之變當了皇帝後，不計前嫌重用魏徵，終使魏徵為其所用，為李世民出了不少治國安邦的良策，成就了史上的貞觀之治……

反之，嫉妒他人才能，不能容人的人也不乏見。最著名的要數曹操和周瑜。

名士禰衡年輕氣盛，恃才傲物，對曹操很無禮，曹操很想殺他，卻說：「我殺禰衡這小子，像殺雀鼠般容易。但他頗有虛名，我殺他，會被人以為我沒有容人雅量。」於是曹操借刀殺人，把這燙手山芋轉給劉表，劉表又轉送給黃祖，致使禰衡死在黃祖手裡。

周瑜嫉妒諸葛亮之才，多次加以謀害，卻被諸葛活活氣死，只留下「既生瑜，何生亮」的千古遺憾。

宋僧契嵩說：「其(忍耐)無爭也，可辱而不可輕；其無怨也，可同而不可損。」這就是說，忍耐並不鼓勵人們無原則地逆來順受，更不是為惡行敗德提供肆虐的場所，而是一種方式，雖是一味退讓，但其目的是為了更好地行善。

容者無敵，能容人，能寬以待人，讓那些有小過或性格、觀點與自己不同的人不難堪，不為人事所累，這才是成功之道。

清心自在

明僧德清禪師說過：「天地大，以能匯成其大；江海深，以善納成其深，聖人尊，以納污含垢成其尊，是以聖人愈容愈大，愈下愈尊。」很多時候，一個人之所以能夠被人敬仰，受人尊敬，不在於他能力有多高，相貌有多體面，知識有多淵博，而在於他有寬廣的胸襟，能夠容人之不能。

02 學道容易得道難

佛在心中莫浪求，靈山只在汝心頭。人人有個靈山塔，只向靈山塔下修。

道林在杭州秦望山修行時，築巢於山中的松木之上，他的居處旁邊有許多鵲鳥在此棲息築巢，人們因此也稱他為「鳥窠禪師」。元和十五年，大詩人白居易出任杭州刺史。白居易對禪宗非常推崇，聽說高僧鳥窠住在秦望山上，非常高興，於是上山來參訪鳥窠禪師，準備向他探問禪法。

白居易望著高懸空中的草舍，十分緊張，很關心地對禪師說：「您的住處很危險哪！」

鳥窠禪師卻不屑一顧地說：「我看大人的住處更危險。」

白居易不解地問：「我身為要員，鎮守江山，深受皇帝重用，有什麼危險可言？」

鳥窠禪師回答說：「慾望之火能熊熊燃燒，人生無常，塵世如同火宅，你明白其中道理卻不能自拔，怎麼不危險呢？」

的確，政治家的處境真是危機四伏，貶職、垮台、革職甚至被誣陷當替死鬼等等，早已屢見不鮮。白居易也正是因為遭人誣陷從京城貶職到杭州的。

白居易似乎有些領悟，換了個話題繼續問道：「如何是佛法大意？」禪師回答道：「諸惡莫做，眾善奉行！」

白居易本以為禪師會開示自己深奧的道理，沒想到竟然是如此平常的話，於是很失望地說：「這是三歲小孩也明白的道理呀！」

禪師說：「三歲孩兒雖道得，八十老翁行不得。」

聽了禪師這番話，白居易完全改變了他那自高自大的傲慢態度。

清心自在

「禪理」即是「佛理」，但佛家開示只是修佛向善的道理，這個道理人人都可以懂。佛、道都只在每一個人自己的心中，個個心中有佛，照禪家所講：心即是佛，佛即是心。道理就是這樣簡單明瞭，為何成佛者甚少？只因說得容易的事，做起來卻未必容易。即使你知道眾多道理，但無法做到，就仍舊只是個凡人，而非佛者，沒有什麼好值得為傲的。

03

禪師讓座

真正悟後的人，他絕對不會恨任何一個人。

唐朝開元年間，有位夢窗禪師，他德高望重，並且還做了國師。

有一次，他搭船渡河，渡船剛要離岸，遠處來了一位騎馬佩刀的將軍，大聲喊道：「等一等，等一等，載我過去。」他一邊說，一邊把馬拴在岸邊，拿了鞭子朝小船走來。

船上的人紛紛說道：「船已經開了，不能回頭了，乾脆讓他等下一班船吧！」船夫也大聲喊道：「請等下一班船吧！」將軍非常失望，急得在水邊團團轉。

這時，坐在船頭的夢窗禪師對船夫說道：「船家，這船離岸還沒有多遠，你就行個方便，掉過船頭載他過河吧！」

船家一看，是位氣度不凡的出家師傅開口求情，就把船開了回去，讓那位將軍上了船。

將軍上了船後，就四處尋找座位，無奈座位已滿。

這時，他看到了坐在船頭的夢窗禪師，於是拿起鞭子就打，嘴裡還粗野地罵道：「老和尚，快走開。沒看見你大爺上船了嗎？快把座位讓給我。」

沒想到，這一鞭正好打在夢窗禪師的頭上，鮮血順著他的臉頰汩汩地留了下來。禪師一言不發，把座位讓給了那位將軍。

看到這一切，大家心裡既害怕將軍的蠻橫，又為禪師抱不平，人們紛紛竊語：這將軍真是忘恩負義，禪師請求船夫回去載他，他不僅搶了禪師的位子，還打人家。從大家的議論聲中，將軍明白了一切。他心裡非常慚愧，懊惱不已，但身為將軍，他又不好意思認錯。

不一會兒，船到了對岸，大家都下了船。

夢窗禪師默默地走到了水邊，洗掉了臉上的血污。此時，那位將軍再也忍受不住了，他走上前，跪在禪師面前，懺悔道：「禪師，我真對不起您。」

誰知，夢窗禪師不僅沒有生氣，反而心平氣和地說：「不要緊，出門在外，難免心情不好。」

清心自在

如果有人打了你的左臉，你應該把右臉也給他。這不是退讓和怯懦，也不是思想愚固，而是人性中的寬容與理解。如果在生活中，我們都能夠給別人多一點寬容，多一點理解和尊重，那麼，世界上就會少一些猜疑和怨恨，人與人之間就會相處得更好。

04
富樓那弘法

忍人所不能忍，行人所不能行，名大雄，故名大雄寶殿，即佛也。

富樓那熱心弘揚佛法，他的口才很好，和人家辯論時，常常令對方心悅誠服，因此得到「說法第一」的美名。輸盧那國是沒有文化的國家，富樓那卻請求佛陀允許他去那裡佈教。

佛陀說：「富樓那，我很稱讚你的志願，但是輸盧那國是一個偏僻的小國，因為交通不便，文化不發達，民性非常暴戾，打罵成風，外國去的人，很容易喪失生命，你現在要去那樣的地方佈教，難道不怕危險嗎？」

「佛陀！您的慈悲愛護，我感激得難以用言語來表達。正因為輸盧那國是一個邊地野蠻國家，沒有人發心前去教化他們，所以我才覺得非到那邊傳教不可。到那邊去，危險隨時會加之於我，但為了正法的宣揚，我個人的安危，實在沒有顧慮的必要。懇求佛陀慈悲允許，讓佛陀之光庇護我，准我前去開闢人間的淨土吧！」

「富樓那！你說得不錯！做佛陀的比丘弟子，佈教是最重要的修行之一，不過

我要問你，你到輸盧那國佈教，假若他們不肯接受你的說教，反而破口大罵，你該怎麼辦呢？」

「佛陀！他們罵我，我覺得他們很好，因為畢竟他們不完全是野蠻人，只是罵，不曾用棍棒打我！」富樓那沒有考慮，恭敬地回答。

「假如他們用拳頭、瓦石、棍棒打你呢？」佛陀問。

「我寬恕他們，我仍然覺得他們很好，因為他們只是用拳頭、瓦石、棍棒打，還沒有用刀劍刺傷我。」

「假如他們用刀劍刺傷你呢？」

「我還是覺得他們很好，因為他們還有人性，並沒有殘酷地把我打死。」

「假如把你打死呢！」

「那就更要感激他們了，他們殺害我的色身，幫助我的道業，幫助我進入涅槃，幫助我以身體生命報答佛陀的恩惠，這對我雖無大妨礙，遺憾的是對他們並沒有好處。」

佛陀讚美他，說道：「富樓那，你修道、傳教、容忍的精神，可做佛教徒的模範。」

富樓那在輸盧那國弘法，十分成功，許多人皈依佛教。

清心自在

沒有比腳更長的路，沒有比人更高的山。在這個世界上，無論任何困難，只要有足夠的勇氣和堅忍的精神，總會把它解決掉。

富樓那之所以被佛陀稱為佛教徒的典範，就是因為他已經具備了這兩種優秀的品質。

05
樂在其中

世間一切，為我所用，非我所有。

有一次，佛陀在阿羅非的土地上住留。他在林中一個用樹枝搭成的床上休息，那地方正好是牛群通過的地方。

阿羅非穿過樹木看到佛陀正沉浸在冥思苦想中，於是他走過去恭敬地打了個招呼，然後坐到佛陀身邊，說道：「法師，您生活得愉快嗎？」

佛陀回答說：「是這樣的，年輕人。在那些愉快生活的人們中，我也是其中之一。」

「法師，冬夜寒冷，嚴霜之時就要到來，樹枝搭成的床十分簡陋，和尚的袈裟單薄而難以禦寒，冬天的風又這麼刺骨。您為什麼要待在這兒？」他可憐這個上了年紀的佛陀。

但佛陀還是微笑著說：「是這樣的，年輕人。在那些愉快生活的人們中，我也是其中之一。」

正如每個人有每個人的苦惱一樣，每個人也有每個人的快樂，有時候在別人的眼裡看也許是淒涼、痛苦的，殊不知人家正樂在其中呢！

清心自在

無論你抱怨與否，生活總是照著它應該的樣子去發展，與其在愁苦中唉聲歎氣，不如在歡樂裡喜笑顏開，當你真正理解了生活，理解了生命，你就會發現自己已經樂在其中了。

06

只管今世逍遙

自樂平生道，煙蘿石洞間，野情多放曠，常伴白雲閒。有路不通世，無心孰可攀？石床孤夜坐，圓月上寒山。

佛陀在世時，有一位小國王，可以說是富甲天下。他信仰印度傳統的婆羅門教，他深信今生此世的位高權重，是他前世佈施、造福的結果，所以他非常喜歡造福於人。

有一天，他啟開珍寶庫藏，以七天的時間為限，發出通告說：「人不分遠近，不分種族，只要來此，一定有求必應。」他把珍寶分成一堆一堆的，每堆約六十個棗子堆起來那麼大，來求助的人，每人給一堆。

這些財物儘管有不少人來拿，但還是剩下很多。

佛陀知道這位國王發如是心，並不是真正地尋求解脫，因為他還有所求——求來生福。

於是，佛陀化成一位婆羅門教的乞士來到國王面前。

國王說：「你有什麼困難儘管說，不用客氣，我一定滿足你的需求。」

這位乞士說：「我知道國王喜歡佈施財物，所以我來求取財物。」

國王說：「好，那你就拿一堆吧！」

乞士拿了一堆珍寶就走，可是只走了七步，他又回過頭來把珍寶放回原處。

國王問：「咦！為什麼又拿回來呢？」

乞士說：「本來我想三餐溫飽就可滿足，但現在有這些珍寶，卻還要過如此流浪的生活，覺得欠缺了安全感，所以很希望蓋一棟房子。」

國王聽了覺得有理，就說：「你可再拿一堆！」

他真的又拿了一堆，走了幾步又回頭放回原處。

國王疑惑地再問：「怎麼啦？」

乞士回答說：「我想如果把這些東西拿去賣了，也只夠蓋一間房子，若想娶妻也還不夠呀！」

國王就說：「好吧！那你拿三堆去，這樣就足夠讓你娶妻蓋房了。」

這位婆羅門乞士於是拿了三堆珍寶，回過身便走。走了七步，又回頭把東西放在原處。

國王很訝異地說：「你這個人真是奇怪，三堆財寶難道還不夠嗎？」

CHAPTER .5

一切皆為虛幻

乞士說：「我算了算仍然不夠，因為即使房子蓋好，娶了妻，生了子，我還得請一些奴婢來侍奉妻兒，再把房子裝修得漂亮一點，所以算起來仍是不夠用！」

遇到這樣的人，國王卻也度量寬大地說：「那你就拿七份去吧！」乞士真的拿了七堆寶物離去，走了一段路，他又把東西原封不動地放回去。

國王微怒道：「你真是一個怪人，夠你蓋房子娶妻也夠你請奴婢了，這些你還嫌不足嗎？這些財物可以讓你享受一生啊！」

乞士歎道：「我再怎樣計算，仍覺得不夠，即使什麼都有了，可是兒子長大也要娶媳，唉！人生一世確實是追求不完，也做不完呀！況且人生無常，我寧可過著目前這種樸實自在的日子，沒有精神的負擔及家室之累，可以清淨地過一生，我認為目前的生活，就是我最理想逍遙自在的生活方式。」

國王聽了這位佛陀化成的婆羅門乞士的一番話，頓有所悟。

清心自在

有的人之所以整日愁眉不展，是因為他顧慮太多，把明天的煩惱交給今天來承受，然而明天的煩惱卻不會因此而少一些。所以，聰明的人抓住此時的快樂，不去顧慮多餘的愁苦。

07

放下木柴，學會寬容

律己要嚴，待人要寬。

石頭希遷禪師住在湖南，有一次偶然見到一位新來參學的學僧，便隨口問道：「你從什麼地方來？」

學僧恭敬地回答：「從江西來。」

希遷禪師又問：「那你見過馬祖道一禪師嗎？」

學僧：「見過。」

禪師順手指著院子裡的一堆木材，問道：「馬祖是不是像一堆木柴？」

學僧不知道怎麼回答。他怎麼想這個問題，還是不明所以，因而覺得自己在石頭禪師處，無法深入領會禪理，就又回到江西見馬祖禪師，並且敘述了自己的困惑。

馬祖道一禪師聽完後，安詳地一笑，問學僧：「你看那一堆木柴大約有多重？」

學僧：「我沒仔細稱過，估計有八、九十斤吧！」

馬祖：「你的力量實在太大了。」

學僧：「為什麼這麼說？」

馬祖：「你從南嶽那麼遠的地方，背了八、九十斤的一堆木柴來，豈不很有力氣？」

很多時候，我們需要別人寬容，也要寬容別人。一味急、搶、嫉妒、憤怒，只能使你陷入孤立。相反，寬容的人更能得到別人的尊重。

亞歷山大大帝騎馬旅行到俄國西部。一天，他來到一家鄉鎮小客棧。為進一步瞭解民情，他決定徒步旅行。當他穿著沒有任何軍銜標誌的平紋布衣走到一個三岔路口時，忘記回客棧的路了。

亞歷山大無意中看見有個軍人站在一家旅館門口。於是，他走上去問道：「朋友，你能告訴我去客棧的路嗎？」

那軍人叼著一支大菸斗，頭一轉，高傲地把這位身著平紋布衣的旅行者上下打量一番，傲慢地答道：「朝右走！」

「謝謝！」大帝又問道，「請問離客棧還有多遠！」

「一英里。」那軍人生硬地說，並瞥了陌生人一眼。

大帝抽身道別，剛走出幾步又停住了，回來微笑著說：「請原諒，我可以再問你一個問題嗎？如果你允許的話，請問你的軍階是什麼？」

軍人猛吸了一口菸說：「猜嘛！」

大帝風趣地說：「中尉？」

那位菸鬼的嘴唇動了下，意思是說不止中尉。

「上尉？」

菸鬼擺出一副很了不起的樣子說：「還要高些。」

「那麼，你是少校？」

「是的！」他高傲地回答。於是，大帝敬佩地向他敬了禮。

少校轉過身來，擺出一副對下級說話的高傲神氣，問道：「假如你不介意，請問你是什麼官？」

大帝樂呵呵地回答：「你猜！」

「中尉？」

大帝搖頭說：「不是。」

「上尉？」

「也不是！」

少校走近仔細看了看說：「那麼，你也是少校？」

大帝鎮靜地說：「繼續猜！」

少校取下菸斗，那副高貴的神氣一下子消失了。他用十分尊敬的語氣低聲說：「那麼，您是部長或將軍？」

「快猜著了。」大帝說。

「殿……殿下是陸軍元帥嗎？」少校結結巴巴地說。

大帝說：「我的少校，再猜一次吧！」

「皇帝陛下！」少校的菸斗從手中一下掉到了地上，猛地跪在大帝面前，忙不迭地喊道：「陛下，饒恕我！陛下，饒恕我！」

「饒恕你什麼？我的朋友。」大帝笑著說，「你又沒傷害我，我向你問路，你告訴了我，我還應該謝謝你呢！」

清心自在

不懂得寬容的人，永遠把煩惱裝在自己心裡，永遠得不到快樂。時時寬容的人，自己得到了解脫，也給了別人一份愉悅，受到對方的尊敬。

08

智者自度

佛的大能力，也只能做助緣而已，修行成就，還是要靠我們自己努力。

有一個信徒在屋簷下躲雨，看見一位禪師撐傘走過，於是就喊道：「禪師，佛法不是講求普度眾生嗎，度我一程怎麼樣？」

禪師道：「你躲在屋簷下，我走在雨裡；這裡有雨，而簷下無雨，又何需我度你呢？」

信徒聽禪師這樣一說，立刻走出屋簷，站在雨中：「現在我也在雨中了，這樣你應該可以度我了吧？」

禪師說道：「我也在雨中，你也在雨中，我沒有淋雨是因為我帶傘了，而你淋雨是因為沒有帶傘。準確地說，不是我度你，而是傘度我。如果要度，不必找我，請自找傘吧！」

那信徒站在雨中被淋得渾身濕透，他說：「不願意度我就早說，何必繞這麼大的圈子，我看佛法講的不是『普度眾生』而是『專度自己』！」

禪師聽了不但沒有生氣，反而心平氣和地說：「想要不淋雨，就要自己找傘。真正悟道的人是不會被外物干擾的。雨天不帶傘，一心只想著別人肯定會帶傘，肯定會有人幫助自己的，這種想法最是害人。總想著依賴別人，自己不肯努力，到頭來必定是什麼也得不到。」

本性是人生來就有的，只不過有的人還沒有找到，平時不去尋找，只想依靠別人，不肯利用自己潛在的資源，只把眼光放在別人身上，這樣又怎麼能夠取得成功呢？所以，成功者不是等機會到來，而是要靠自己去創造。唯有會創造機會的人，才能建立自己的事業。

在美國，有一位窮困潦倒的年輕人，即使身上全部的錢加起來也不夠買一件像樣的西服。他的父親是一個賭徒，母親是一個酒鬼，他從小在家庭暴力中長大，學業一無所成，成了街頭的混混，直到他二十歲的時候，一件偶然的事情刺激了他，使他下定決心走一條與父母迥然不同的路，活出個人樣來。他想做演員，拍電影，當明星。「一定要成功」的驅動力促使他認為，這是他今生今世唯一可以出頭的機會，最後的成功可能。

當時，好萊塢共有五百家電影公司，他逐一數過，並且不止一遍。後來，他根據自己認真規劃的路線與排列好的名單順序，帶著自己寫好的量身定做的劇本前去拜訪。但第一遍下來，所有的這五百家電影公司沒有一家願意聘用他。

面對百分之百的拒絕，這位年輕人沒有灰心，他相信每一次拒絕都是一次學習，一次進步。從最後一家被拒絕的電影公司出來之後，他再一次的又從第一家開始，繼續他的第二輪拜訪與自我推薦。

在第二輪的拜訪中，五百家電影公司依然拒絕了他。

第三輪的拜訪結果仍與第二輪相同。這位年輕人咬牙開始他的第四輪拜訪，當拜訪完第三百四十九家後，第三百五十家電影公司的老闆破天荒地答應，願意讓他留下劇本先看一看。

幾天後，年輕人獲得通知，請他前去詳細商談，就在這次商談中，這家公司決定投資開拍這部電影，並請這位年輕人擔任自己所寫劇本中的男主角。為了那一刻，他已經做了足夠的準備，完全有信心做好一切，終於可以放手一搏。機會來之不易，他自然用盡全力，拼命的投入其中。

這部電影名叫《洛基》。這位年輕人的名字就叫席維斯·史特龍。現在翻開電影史，這部叫《洛基》的電影與這個日後紅遍全世界的巨星皆榜上有名。

史特龍的健身教練哥倫布醫生這樣評價他：「史特龍每做一件事都是百分之百地投入。他的意志、恆心與持久力都是令人驚歎的。他是一個行動家。他從來不呆坐著讓事情發生——他主動地讓事情發生。」

清心自在

對大多數人來說，世界是公平的，每個人都有同樣的生命，同樣的時間，而之所以人有高低、平凡與偉大之分，是因為每個人所付出的不同。聰明的人是生命的主宰，愚蠢的人被生活左右。只有積極的行動，去為自己開拓事業，成功才會隨之而來。

09

忍字頭上一把刀

修行佛道的人，心地一定要柔和，要注意無爭、忍辱，這個忍辱一定要通達空性跟無相，否則忍不下來。

一天，天台山國清寺的豐干禪師在松林漫步時撿到一個小男孩，問了附近村莊人家，沒有人知道這是誰家的孩子，於是豐干禪師只好把孩子帶回國清寺，等待人家來認領，大家都叫那孩子「拾得」。

就這樣，拾得在國清寺住了下來。

日復一日，年復一年。長大以後，上座就讓拾得擔任添飯的工作。時間一久，拾得也交了不少道友，其中與一個名叫寒山的相交最為莫逆。因為寒山貧困，拾得就將齋堂裡吃剩的飯渣用一個竹筒裝起來，給寒山背回去吃。

有一天，寒山問拾得：「如果世間有人無端的誹謗我、欺負我、侮辱我、恥笑我、輕視我、鄙賤我、惡厭我、欺騙我，我要怎麼做才好呢？」

拾得回答道：「你不妨忍著他、謙讓他、任由他、避開他、耐煩他、尊敬他、不要理會他。」

寒山再問道：「除此之外，還有什麼處事祕訣，可以躲避別人惡意的糾纏呢？」

拾得回答道：「彌勒菩薩偈語說，老拙穿破襖，淡飯腹中飽。補破好遮寒，萬事隨緣了；有人罵老拙，老拙只說好。有人打老拙，老拙自睡倒；有人唾老拙，隨他自乾了。我也省力氣，他也無煩惱；這樣波羅蜜，便是妙中寶。若知這消息，何愁道不了？人弱心不弱，人貧道不貧。一心要修行，常在道中辦。如果能夠體會偈中的精神，那就是無上的處事祕訣。」

彌勒菩薩的偈語說白了，其實就是一種忍耐精神。

不光是佛家，中國的儒家和道家也都非常強調忍耐，只有忍到最後一刻才會發生意想不到的變化，才會有希望看到轉機。或許你仍在嚮往一帆風順，可是面對曲曲折折的人生，所謂的一帆風順只能是心靈的一種慰藉，唯有奮鬥不息才能夠讓你成為命運的主人。而在這一步步的努力中，你首先必須學會忍耐。

忍耐不是逆來順受，屈服於命運的支配與調遣，讓歲月的滄桑把自己的慾望一點一點地消磨掉，堅韌不拔地追求，並排除萬難有所超越，才是忍耐的外延。

忍耐不是消極頹廢，也不是悄然降下信念的帆；忍耐是考驗意志、毅力，測試成功的一種方式。

實際上，忍耐也是醞釀勝利的一種高超方式。雖然忍耐有可能錯過一些小的機遇，但謹慎小心可以避免意外的發生，使意外的發生不那麼讓人意外。忍耐實質上是一種動態的平衡。忍耐能幫助我們透過煩冗迷惑，獲取真諦。所以，只要學會忍耐，那麼你的人生無論是在「上漲」還是「下跌」，低迷亦或是高漲，都將美麗如畫。

人生有很多不如意、不痛快，這時候，忍是非常重要的。很多時候，因為小地方忍不住而誤了大事，這就非常不值得了。

三國時的諸葛亮輔佐劉備，立志要收復中原。他曾經六出祁山，攻打曹魏，而魏軍的統帥司馬懿卻總是不肯出來和他對打。

諸葛亮用盡了一切方法來羞辱司馬懿，但是司馬懿卻總是置之不理。每次都是等到諸葛亮的糧食吃完了，蜀軍自然就退兵回蜀國，戰爭就結束了。

諸葛亮最終沒能完成統一天下的心願，唐朝大詩人杜甫為他惋惜道：「出師未捷身先死，常使英雄淚滿襟。」司馬懿能夠忍，所以最終沒有被一代儒將諸葛亮打敗。

西漢的楊惲，為人重義疏財，為官廉潔奉法、大公無私。可是正當他正官運亨通，春風得意之時，有人嫉妒他，在皇帝面前說他對皇帝陛下心懷不滿，表現得那

麼廉正只是為了籠絡人心，以便圖謀不軌。

皇帝雖然不喜歡貪官，但更害怕有人和他唱對臺戲，哪怕你再有才能，品德再好，如果敢對皇帝不滿，便會招來災禍。經人這麼一挑撥，皇帝勃然大怒，就把楊惲貶為平民，沒有讓他身首離異，就已經是大慈大悲了。

楊惲本來官癮就不大，又樂得清閒，雖然丟了官，卻不感到十分難過。原先做官時添置家產多有不便，現在添置一些家當，與廉政並無瓜葛，誰也抓不到什麼把柄。於是，他以置辦財產為樂，在每天忙忙碌碌的勞動中，得到許多平凡生活的樂趣。

他的一個好友，聽說這件事後，預感到這樣下去可能會鬧出大事來，就連忙給楊惲寫信說：「大臣被免掉了，應該關起門來表示心懷惶恐，裝出可憐兮兮的樣子，以免被人懷疑。你這樣置辦家產，很容易引起人們的非議。讓皇帝知道了，肯定不會輕易放過你的。」

楊惲卻不以為然，給朋友回信說：「我認為自己確實有很大的過錯，德行也有很大的污點，應該一輩子做農夫。農夫雖然沒有什麼快樂，但在過年過節殺牛宰羊，喝酒唱歌來犒勞自己，總不會犯法吧！」

怪不得楊惲做不好官，他竟連「欲加之罪，何患無辭」的常識也不懂。有人把他視為眼中釘、肉中刺，又向皇帝誣告說，楊惲被免官後，不思悔改，生活腐化，而且最近出現的那次不吉利的日食，也是由他造成的。

皇帝不問青紅皂白，下令迅速將楊惲緝拿歸案，以大逆不道的罪名將他腰斬了，連他的妻子兒女也被流放到了酒泉。

本來，楊惲戴罪免官之後，如果聽從友人的勸告，裝出一副甘於忍受侮辱的可憐樣子，皇帝和敵人就不會再注意他。

即使是最兇惡的老虎，看到對手已經表示屈服，也會停止攻擊。楊惲卻沒有接受教訓，他還要置家產、交朋友，這不是明擺著唱對臺戲？好吧，治你一個大逆不道之罪，殺了，看你還能不滿嗎？因為楊惲不懂得表現出忍耐的藝術，最終釀成了自己被殺、家人遭流放的悲劇。

清心自在

忍是一種在逆境中保存實力的方法，是一種高超的處事策略。如果一味的強出頭，強大的對手很容易就會把你徹底擊垮，所謂「留得青山在，不怕沒柴燒」，說得正是這個道理。

10
和尚占卜

我們喜歡把家裡的燈點得很亮，卻不願意把自己內心的智慧點亮。

從前，有四個舉人欲赴京趕考，由於對課業準備得不是十分周全，心中難免七上八下，患得患失，四個舉人聚在一起商議，決定到普陀寺去卜一卦，問問究竟這一次赴考是凶是吉。寺裡掌管占卜的和尚問明四個舉人的來意，從容地面露微笑，伸出一個手指來，搖頭不語。四個舉人見狀，心中自是納悶不已，但任憑他們怎麼問，和尚口中只是神祕地說著：「天機不可洩漏。」除此之外，再也不肯多說半個字。

大考放榜之後，四名舉人當中，只有一人高中進士，其餘三人皆名落孫山：他們想到當時和尚伸出的那一根手指頭，心中讚歎不已。消息傳出之後，大家對這位和尚神準的道行佩服得五體投地，紛紛從四處趕來找他占卜。

和尚的徒弟看到這種情況，私下問他的師父，為什麼能夠算得如此準確，言語之中，似乎亦透露著幾分的不滿，彷彿有怪罪師父藏私的意味。

面對徒弟的質疑，老和尚豁達地笑道：「其實這當中沒什麼奧祕，坦白地說，我也不知道他們四個人當中誰會高中、誰會落榜？」

徒弟絲毫不肯放鬆，繼續問：「可是，你伸出那一根手指頭……」

和尚笑道：「這其中的訣竅很簡單啊！如果他們當中，有兩個人高中，一個手指就是說，有一半落榜，假使有三個人高中，也就是說有一個一定考不上；倘若全都高中了，那就是說，一個也沒有名落孫山，萬一他們四人全都落榜了，我那一個手指的意思，就是連一個也沒能考上啊！」

徒弟聽了師父所說的話，低頭細細思量其中的智慧。這時和尚接著又說道：「赴京趕考，憑藉的是自己的實力，算命這種東西當然做不得，你的心中相信什麼，結果就會依照你所相信的那樣來呈現！」

清心自在

迷信在我國有著悠久的歷史，究其原因無非是這些人沒有自信。他們都不相信自己，因而想依靠冥冥之中的一種神秘的力量，來掌握自己的命運。這種人是多麼愚蠢啊！

11

「有主」之梨

無論何時，內心永遠正直才是真正的修行。

南宋末年，天下大亂。當時，宋、金、蒙古三國各占一方，混戰不休。老百姓為了逃避戰火，紛紛離開故土，扶老攜幼，四處逃難。

有一天，在金朝統治下的河陽縣境內，迎面走來一位十七八歲的小和尚。小和尚一邊走，一邊望著路邊荒蕪的田野和破敗無人的村莊，胸中湧出無限感慨，於是在心中默默禱告：「如果戰爭再不停息，天下的百姓真的活不下去了。但願菩薩能保佑一位英明的君主，統一天下，讓老百姓重新安居樂業。」

這樣想著，小和尚更加快了腳步，恨不能一步趕到目的地，以避免目睹這種悲慘的景象。

這個時候正是三伏天，炎炎烈日炙烤著大地，空中一絲風也沒有。小和尚走得汗流浹背、口乾舌燥，真想找個地方乘乘涼，喝上一肚子甘甜的泉水。

但這裡剛剛經過戰火，四周的人家全都跑得不見蹤影，哪裡去找水喝呢？

CHAPTER .5

一切皆為虛幻

走著走著，他看到前面路邊的大樹下，有幾個人正在乘涼。

他急忙趕過去，希望能討口水喝。走到近前，發現這幾位是趕路的小商販。一問才知道，他們身邊帶的水也喝光了，因為無處找水喝，正在那裡唉聲歎氣。

小和尚只好在他們身邊坐下，準備歇口氣再走。

這時，遠處跑來一個人，懷裡捧著什麼東西，邊跑邊大聲喊著。小商販們都站起身來張望，原來那人是和他們一起趕路的商販，剛才獨自出去找水。等他跑近，大家才發現他懷裡捧著的，竟然是幾顆黃燦燦、結實飽滿的大梨！

商販們都歡呼起來，一齊跑過去搶梨吃。

小和尚也走上去問道：「這梨是從哪裡買到的？」

「買？」那個商販哈哈大笑起來，「這地方的人都跑到山上躲避兵災去了，連個人影都沒有，到哪裡去買？」

「是呀，那你是從哪兒拿來這些水果的？」商販們邊吃邊好奇地問。

「我到那邊村子裡轉了轉，想找個人家把水葫蘆灌滿。可是，別說是人，連隻老鼠都找不著！水井也全都被當兵的用土給填上了。正當我垂頭喪氣的時候，忽然看見有一家院子的牆頭上露出一根梨枝來，上面還結著幾顆結實飽滿的大梨。這下子，我樂得差點暈過去，可是跑過去一看，這家的院門都用石塊給堵上了，牆頭也很高。我顧不了這麼多，費了好大的勁，才翻進院子裡摘了這些梨。那樹上的梨還很多，我們一起去多摘些，帶著在路上吃好不好？」

眾人齊聲說好，各自收拾東西，準備去摘梨。

這時，小和尚插嘴問道：「施主，你說村裡的井都被填上了嗎？」

「可不是嗎！當兵的看老百姓都跑光了，一氣之下，走的時候就把井都給填了，你別想找到水喝。」

小和尚歎了口氣，默默地轉身走開了。商販們奇怪地問他：「小師父，你不和我們一起去摘梨嗎？」

小和尚說：「梨樹的主人不在，怎麼能隨便去摘呢？」

商販們又笑起來，說：「你可真是個呆和尚！這兵荒馬亂的日子，哪裡還有什麼主人呢？再說，那樹的主人說不定早就被打死了呢！」

小和尚認真地答道：「梨樹雖然無主，難道我自己的心裡也無主嗎？不是自己的東西，我是絕不會去拿的。」

說完，小和尚背起行囊，向商販們拱手道了聲別，轉身上了大路。

清心自在

在我們的人生旅途當中有很多誘惑，有些人把持不住陷了進去，同時他們還會找出各種理由來為自己開脫。其實，那都是掩耳盜鈴，真正的賢者往往有自己做人的準則。這個準則就是小和尚心中的梨的主人。

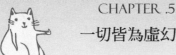

12
寬容之心最高尚

與其說是別人讓你痛苦，不如說你修養不夠。

從前有一個富翁，他有三個兒子，在他年事已高的時候，決定把自己的財產全部留給三個兒子中的一個。可是，到底要把財產留給哪一個兒子呢？

富翁請憨然大師幫忙拿主意。於是，憨然大師想出了一個辦法：他要富翁的三個兒子都花一年時間去遊歷世界，回來之後看誰做到了最高尚的事情，誰就是財產的繼承者。

一年時間很快就過去了，三個兒子陸續回到家中，憨然大師讓三個人都講一講自己的經歷。

大兒子得意地說：「我在遊歷世界的時候，遇到了一個陌生人，他十分信任我，把一袋金幣交給我保管，可是那個人卻意外去世了，我就把那袋金幣原封不動地交還給了他的家人。」

二兒子自信地說：「當我旅行到一個貧窮落後的村落時，看到一個可憐的小乞

丐不幸掉到湖裡了，我立即跳下馬，從河裡把他救了起來，並留給他一筆錢。」

三兒子猶豫地說：「我……我沒有遇到兩個哥哥碰到的那種事，在我旅行的時候遇到了一個人，他很想得到我的錢袋，一路上千方百計地陷害我，我差點死在他手上。可是有一天我經過懸崖邊，看到那個人正在懸崖邊的一棵樹下睡覺，當時我只要抬一抬腳就可以輕鬆的把他踢到懸崖下，但我想了想，覺得不能這麼做，正打算走，又擔心他一翻身掉下懸崖，就叫醒了他，然後繼續趕路了。這實在算不了什麼有意義的經歷。」

富翁請憨然大師進行點評。

憨然大師點了點頭，說道：「誠實、見義勇為都是一個人應有的品德，稱不上是高尚。有機會報仇卻放棄，反而幫助自己的仇人脫離危險的寬容之心才是最高尚的。我建議您把財產交給老三。」

清心自在

人生百態，恩將仇報的事屢見不鮮，而有機會報仇卻以寬容之心待之，而放棄報仇的人實在並不多見。寬容自己的敵人，是一種生命的境界，是人類所有美德當中最高尚的。

CHAPTER .6

大悲無淚，大悟無言，大笑無聲

與其不擇手段，換取名利雙全，
不如平平淡淡，粗茶淡飯來得更真真切切。

Smile

01

超越生死的境界

既已超脫生死，又豈會在乎恐懼。

每天晚上，雲居禪師都要去荒島上的洞穴裡參禪。

有幾個愛搗亂的年輕人想捉弄一下他，便躲在他必經的路上，等到他過來的時候，從樹上把手垂下來，扣在禪師的頭上。

年輕人原以為雲居禪師必定會嚇得魂飛魄散，哪知雲居禪師任年輕人扣住自己的頭，靜靜地站立不動。年輕人反而嚇了一跳，急忙將手縮回，此時，雲居禪師又若無其事地離去了。

第二天，他們幾個一起到雲居禪師那兒去，他們向雲居禪師問道：「大師，聽說附近經常鬧鬼，有這回事嗎？」

雲居禪師說：「沒有的事！」

「是嗎？我們聽說有人在晚上走路的時候被鬼按住了頭。」

「那不是什麼鬼，而是村裡的年輕人！」

CHAPTER .6

大悲無淚，大悟無言，大笑無聲

「為什麼這樣說呢？」

雲居禪師答道：「因為鬼沒有那麼寬厚而暖和的手呀！」

禪師緊接著說：「臨陣不懼生死，是將軍之勇；進山不懼虎狼，是獵人之勇；入水不懼蛟龍，是漁人之勇；和尚的勇是什麼？就是一個字『悟』。連生死都已經超脫，怎麼還會有恐懼感呢？」

其實，雲居禪師所說的這種超脫生死的境界，對老年人養生是很有幫助的，就像俗話說的：連死都不怕了，還有什麼可怕的呢？對老年人來說，有一個如此健康、超脫的心態是非常重要的。

世界衛生組織認為，如果把健康元素按照百分比劃分，可以分為以下幾個部分：遺傳占十五％；環境占十七％，其中社會環境占到十％，自然環境七％；接下去就是醫生占八％；自己占六十％。遺傳的十五％和環境的十七％是我們控制不了的，而其中的六十％是個人因素，是我們自己可以控制的。所以說，生命其實就在我們自己的手裡。

養生的關鍵在於自己的力量。如果自己豁達樂觀，情緒穩定，對未來充滿信心，充滿力量，那麼你的力量將強大到不可估量的程度。

人可以戰勝細菌、病毒、癌症……但是戰勝疾病有一個前提條件，即健康的心態。

人體的抵抗力分各種不同層次，由各個系統組成，它需要一個總指揮——心理，如果這個「總指揮」樂觀向上，積極穩定，那麼就可以調動全身所有抵抗力協同作戰，形成對疾病強大的攻擊力。如果心裡沒有信心，感到恐懼，那整個「指揮部」就會崩潰了。

這就和打仗一樣，指揮部如果很堅定，那就能贏。如果連自己都不知道該怎麼打，甚至老覺得沒有勝利的希望，指揮部先亂了，一定會全軍覆沒的。我們必須明白，精神樂觀、情緒穩定可以調動一個人全身各個系統的力量來對抗病魔。有人說癌症病人有三分之一是嚇死的，那是因為他的精神先垮了。這話說得十分中肯。

有了疾病，首先應該保持好精神，在戰略上藐視它，不害怕；戰術上則該治的治，積極配合治療。

清心自在

超越生死是一種生命的境界，人類最寶貴的就是生命，當你連最寶貴的東西都有勇氣捨棄的時候，就沒有什麼事情可以難倒你，也沒有什麼恐懼可以嚇倒你，從而你將無所不能。

02

普化圓寂

生者幸，死者福。

臨濟禪師門下有一個普化禪師，有一天，他在大街上請人施捨衣服，一個慷慨的佛教徒了給他一件上好的袈裟，他卻搖了搖頭，拒絕接受。

這件事情被臨濟禪師知道了，他就買了一口棺材，教人送過去，送的人提心吊膽，生怕挨打。但是普化看到棺材，興高采烈地說道：「我的衣服終於買回來了。」

普化扛起棺材就往大街上跑，在最熱鬧的地方大聲宣佈：「大家快來看啊，臨濟為我做的法衣！我很滿意，明天上午我要穿著它死在東門。」

第二天上午，普化扛著棺材到了東門，一看，不得了！看熱鬧的人裡裡外外，把東門圍個水洩不通。

普化對大家說：「今天人太多，不好死，明天我去南門死。」

第二天南門圍了一大堆人，普化說在西門死。

第三天西門圍了一大堆人，普化說在北門死。

這次大家再也不相信普化的話，紛紛發牢騷說：「我們都被這和尚騙了！看他精神好的呢！哪裡會說死就死？明天再去，又要上他的當。」

第四天，普化照舊扛著棺材來到北門，一看，居然還有幾個看熱鬧的人！他喜笑顏開地說道：「辛苦大家嘍！你們很有耐心，東南西北，陪我奔波了好幾天。我現在可以死給你們看了。」

說罷，普化打開棺材蓋子，敏捷地跳進去，自己再蓋好。

不久，人們發現，他真的無聲無息地去世了。

生命對於人來說非常重要，但也因此人們往往對生的喜悅和死得哀痛過於誇大，進而為自己，也為身邊的人帶來無端的煩惱。其實，所謂幸福者，就是生者幸，死者福。

有一對很平凡年輕的夫妻，他們沒有出色的相貌，也沒有令人羨慕的工作頭銜。人們只知道那個女人好像生病了，平時看起來臉色灰灰的，像蒙了層土。但他們彷彿很快樂，在神情上根本看不出任何陰影。

不久，那女人懷孕了，每天看見她挺著微微隆起的肚子散步。她的臉色雖然仍然是灰灰的，但卻掛著笑意。

突然有一天，有人說這女人患的是癌症。

然後，大家都看到快樂包圍著這個小家庭，那男人走進走出地忙著，臉上看得出顯而易見的喜悅。

女人會在中午陽光好的日子裡出來曬太陽。

到秋天的時候，聽說女人生產了。

男人只抱回一個小女嬰，那女人，再也沒有回來……

大家仍舊在如常的生活中，數著一天天的日子。

清心自在

人在世上，什麼才是真正的快樂和幸福呢？很多時候，我們往往把幸福定義在金錢的滿足、名望的豐收上，卻忽略了另一面。其實，幸福就是一種面對生命的從容，面對生死的超脫。

03 愛的回報

人的不幸有千萬種，而幸福的人只有一種：心境禪定，愛心無染的人。

誠拙禪師講經很受歡迎，每次信徒都把佛堂圍得水洩不通。於是有人建議大家捐錢，建造一座寬敞一些的佛堂。

一個富有的信徒一下子慷慨地捐了五十兩黃金。禪師收下了錢，轉身就走，去忙別的事情，信徒緊跟在禪師後面提醒道：「師父！我的袋子裡裝著五十兩黃金呀！」

禪師連腳步也不停，漫不經心地答道：「我知道。」

信徒不滿地說：「五十兩黃金可不是小數目，我白白捐給你，你連『謝謝』都不說一聲嗎？」

禪師剛好走到大雄寶殿佛像面前，他停下說道：「你捐錢不是給我，而是給佛祖。你佈施是在做自己的功德，為什麼要我向你道謝？」

禪師看見信徒還是不服氣的樣子，接著說道：「如果你把佈施視為一種買賣，那我就代替佛祖向你道聲謝，從此你就和佛祖兩不相干、兩不虧欠了！」

信徒慚愧地施禮走了。

愛心是一種自然而然的生活觀，它不是一種具有什麼具體形狀的物質，人有愛心並不是為了獲取別人的感激、幫助或者別的什麼東西，雖然這些在你付出愛心後會隨之而來。有些人以金錢來衡量愛心，但金錢並不是萬能的，真正的愛心是發於真誠，救人於危難之中。

一個失去了雙親的小女孩與奶奶相依為命，住在樓上的一間臥室裡。一天夜裡，房子起火，奶奶在搶救孫女時被大火燒死了。

火勢迅速蔓延，整座樓已是一片火海。

鄰居已通知過消防隊，目前只能無可奈何地站在外面觀望，火焰已經封住了所有的進出口。

小女孩出現在樓上的一扇窗口，哭叫著喊救命，人群中傳出消息說：消防隊員正在撲救另一場火災，要晚幾分鐘才能趕來。

突然，一個男人扛著梯子出現了，架到牆上，很快鑽進火海之中。

男人再次出現時，手裡抱著小女孩。

孩子交給了下面迎接的人群，男人消失在夜色之中。

後來調查發現，這孩子在世上已經沒有親人了，幾週後，鎮長召開群眾集會，商議誰來收養這孩子。

一位教師願意收養，說她能讓孩子受到良好的教育。一個農夫也想收養這孩子，他說孩子在農場會生活得更加健康愜意。

其他人也紛紛發言，述說把孩子交給他們撫養的種種好處，因為這孩子長得真是太惹人疼愛了，甚至快引起大家的爭執。

最後，鎮內最富有的居民站起來說話了：「你們提到的所有好處，我都能給她。而且能給她金錢和金錢能夠買到的一切東西。」

從始至終，小女孩一直沉默不語，眼睛望著地板。「還有人要發言嗎？」會議主持人問道。這時，一個男人從大廳的後面走上前來。他步履緩慢，似乎在忍受著痛苦。他徑直來到小女孩的面前，朝她張開了雙臂。人群一片嘩然。他的手上和胳膊上佈滿了可怕的傷疤。

孩子叫出聲來：「這就是救我的人！」

她跑了過去，雙手死命地抱住了男人的脖子，就像她遭難的那天夜裡一樣。

她把臉埋進他的懷裡，哭泣了一會兒。然後，她抬起頭朝他笑了。

「現在休會。」會議主持人宣佈道……

清心自在

愛是一種付出，有付出自然有回報，這種回報可以有形可以無形，但我們需要謹記的是，回報不是愛的目的，我們也不能抱著這個目的去愛或者不愛。

04
沒有什麼不能做

不要動輒求卜問卦，心若迷時會很苦，苦在自己無法做主。

歸宗寺智常禪師和弟子們在園中種菜，禪師臨時有事情出去。走之前，禪師圍著一棵樹畫了一個圓圈，把菜放在圓圈裡，指著菜告訴大家：「你們都不准動這個。」弟子們儘管心裡很好奇，但真的誰也不敢動。

一會兒，禪師回來了，見到原封不動的菜。生氣地拿起禪杖敲打弟子們，說道：「你們這一群人，沒有一個有智慧的！」

自信者往往有自己的主見，並且會按著自己的想法去做，不會別人說什麼就是什麼。也正因為這樣，自信者才更容易獲得成功。

湯姆．鄧普西生下來的時候只有半隻左腳和一隻畸形的右手，父母從不讓他因為自己的殘疾而感到不安。所以，他能做到任何健全男孩所能做的事：如果童子軍團行軍十公里，湯姆也同樣可以走完十公里。

後來他學橄欖球，他發現，自己能把球踢得比在一起玩的男孩子都遠。他請人為他專門設計了一隻鞋子，參加了踢球測驗，並且得到了衝鋒隊的一份合約。

但是教練卻盡量婉轉地告訴他，說他「不具備做職業橄欖球員的條件」，建議他去試試其他的事業。最後他申請加入新奧爾良聖徒球隊，並且請求教練給他一次機會。教練雖然心存懷疑，但是看到這個男子這麼自信，對他有了好感，因此就收了他。

兩個星期之後，教練對他的好感加深了，因為他在一次友誼賽中踢出了五十五碼，並且為隊上贏得分數。這使他獲得了專為聖徒隊踢球的工作，而且在那一季中，他為自己的球隊爭得了九十九分。

鄧普西一生中最偉大的時刻到來了。

那天，球場上坐了六萬六千名球迷。球是在二十碼線上，比賽只剩下了幾秒鐘。這時球隊把球推進到四十五碼線上。

「鄧普西，進場踢球。」教練大聲說。

當湯姆進場時，他知道他的隊距離得分線有五十五碼遠，那是由巴第摩爾雄馬隊的畢特．瑞奇踢出來的。球傳接得很好，鄧普西一腳全力踢在球身上，球筆直在前進。但是踢得夠遠嗎？六萬六千名球迷屏住氣觀看，球在球門橫桿之上幾英吋的地方越過，接著終端得分線上的裁判舉起了雙手，表示得了三分，聖徒隊以十九比十七獲勝。球迷狂呼亂叫，為踢得最遠的一球而興奮，因為這是只有半隻左腳和一隻畸形的手的球員踢出來的！

「真令人難以相信！」有人感歎道，但是鄧普西只是微笑。他想起他的父母，他們一直告訴他的是他能做什麼，而不是他不能做什麼。他之所以創造這麼了不起的紀錄，正如他自己說的：「他們從來沒有告訴我，我有什麼不能做的。」

清心自在

對同一個問題，一千個人有一千種看法，而你只要堅持住你自己的看法，這就是自信。在自信者看來，世間沒有什麼事情是不可以做的。

05

弦緊弓斷，學會放鬆

弦緊易斷，適當放鬆才是道。

一個人看見有個老和尚在和一群孩子用堅果玩遊戲，就取笑他是個瘋子。這位老和尚發現有人在嘲笑自己，就在路中放了一把鬆了弦的弓。然後，他問：「聰明人，你猜猜看，我這麼做是什麼意思！」

四周的人逐漸圍攏過來。那人苦思了很久，也沒弄明白老和尚的意思。他只好認輸，向老和尚求教。

老和尚解釋說：「如果你老是把弦繃得太緊，弓很容易就會折斷，可是，如果你把它放鬆了，要使用時就能拉弓上弦了。」

生活就是這樣，不要把心弦繃得太緊，否則一旦斷了就無法挽回了。

有一位居士，在酷熱難當的天氣耕種院前的一塊土地，親手把種子撒到土裡。忽然，在菩提樹的寬闊樹陰下，有個幻象出現在他面前，居士很驚訝。這個幻象用親切的口吻說：「我是佛祖，你在這裡做什麼？」

「在我童年的時候，您叫我到螞蟻那裡去，我看到牠們的所作所為，從牠們那裡學會了勤奮和積蓄。我從前學到什麼，我現在就在做什麼。」居士回答道。

佛祖說：「你只把功課學到了一半，再到螞蟻那裡去一趟，還要從牠們那裡學會在你生命的冬天裡去休息，去享受自己的貯藏。」

清心自在

在我們的生活中，你會發現一個奇怪的現象，越是很有才華、被人看好的人，卻往往生命極其短暫，即英雄「出師未捷身先死」。究其原因只有一個，那就是這些人把自己的弦繃得太緊了，沒有給自己足夠的休息。所以，勞逸結合才會有健康的身體，有了健康的身體，事業才會有所保障。

06 自然是福，自然最美

現今的教育，都是執著的教育，只有佛陀的教育，是破除執著的教育。

有位富人請仙崖禪師為自己寫些祝福的話，祝願家族永遠興旺，並希望能把它作為傳家之寶代代相傳。仙崖禪師慈悲地答允了。只見仙崖禪師展開一張大紙，鄭重地寫了這麼幾個大字：「父死，子死，孫死。」

富人一見非常氣憤，喊道「我請你寫些祝願我家世代幸福的話，請禪師不要開這種玩笑。」

「沒有開玩笑。」仙崖禪師平靜地解釋道，「假如你的兒子在你前面死，你將十分悲痛。假如你的孫子在你兒子前面死，那你和你的兒子都將悲痛不已。假如你家的人一代一代地照我寫的次序死，那就叫做享盡天年。我認為這是真正的興旺，真正的祝福。」

一九六八年在美國的內華達州發生了這樣一個故事：

剛上幼兒園的三歲小女孩伊迪絲告訴媽媽，她認識禮盒上「OPEN」的第一個字母「O」。這位母親非常吃驚，問她怎麼認識的。伊迪絲說道：「是薇拉小姐教的。」

這位母親在表揚了女兒後，把薇拉小姐所在的幼兒園告上法庭。那位母親說，她的女兒在認識「O」之前，能把「O」說成蘋果、太陽、足球、鳥蛋之類的圓形的東西。然而，自從勞拉三世幼兒園教她識讀二十六個字母，伊迪絲便失去了這種想像的能力。為此，她要求幼兒園對女兒的「想像力流失」負責，賠伊迪絲精神傷殘費一千萬美元。

這件事在內華達州引起了軒然大波。幼兒園認為這位母親瘋了，一些家長也認為她小題大做，甚至連她的律師也不贊成這樣的訴訟，認為打這樣的官司是浪費精力。然而，這位母親卻堅持要把這場官司打下去，哪怕傾家蕩產。

這位母親說：「我曾去某個東方國家旅行時，在一家公司見過兩隻天鵝。一隻被剪去了左邊的翅膀，另一隻天鵝的翅膀完好無損。剪去翅膀的被放養在較大的一片水塘裡，完好的一隻被放養在一片較小的水塘裡。」

當時我非常的不解，就請教那裡的管理人員，他們說，這樣能防止牠們逃跑。剪去一邊翅膀的那隻天鵝，無法保持身體的平衡，飛起後會掉下來；而在小水塘的那隻天鵝，儘管有完好的雙翅，但起飛時會因為沒有足夠的滑翔路程而無法飛走。

當時我非常震驚，震驚於東方人的聰明。但同時，我也感到非常悲哀。今天我為女兒的事打這場官司，是因為我感到伊迪絲變成了勞拉三世幼兒園的一隻天鵝。他們剪去了伊迪絲的一隻翅膀，一隻幻想的翅膀，早早地就把她投進了那片只有「ＡＢＣ」的小水塘。

清心自在

人類是大自然的一部分，自然的無疑是最美的，所以仙崖禪師的「父死，子死、孫死」才是真正的祝福，所以伊迪絲的母親才會為女兒的「想像力流失」感到痛心。

07 人生如過客

這個世間的追求到最後，一定是空。

有一次，正在雲遊宣揚佛法的憨山大師迷了路，不知走了多久，才在漆黑的夜空中見到一盞燈火。他定睛一看，原來是一戶人家，立刻興奮地奔上前去請求借宿。

「我家又不是旅館！」屋主聽到他提出借宿一晚的要求後，立刻板著臉拒絕。

「我只要問你三個問題，就可以證明這屋子就是旅館！」憨山大師笑著說道。

「我不信，倘若你能說服我，我就讓你進門。」屋主也爽快的回答。

「在你以前誰住在此處？」

「家父！」

「在令尊之前，又是誰當主人？」

「我祖父！」

「如果施主過世，它又是誰的呀？」

「我兒子！」

「這不就結了！」憨山大師笑道，「你不過是暫時居住在這兒，也像我一樣是旅客」。當晚，憨山就在屋裡舒舒服服地睡了一覺。

在生活中，我們只是匆匆的過客，好好珍惜現在，隨緣而行，隨遇而安，把握住這些美好時光，做一個快樂的人。

清心自在

人生如過客，開心是一生，不開心也是一生。珍惜自己所擁有的，把握住每一瞬間的美好，你就是生活的富翁。總是想一些自己無力解決的事情，並且讓自己因此鬱鬱寡歡，即使你有萬貫家財，也是個生活的窮人。其實，只要明白「人生如過客」這個簡單的道理，還有什麼東西值得去不開心呢？

08
隨遇而安

饑來吃飯，睏來即眠。

一天，無德禪師行腳來到佛光禪師處，佛光禪師對他說：「你是一位很有名的禪者，可是為什麼不找一個地方隱居呢？」

無德禪師無可奈何地答道：「究竟哪裡才是我的隱居之處呢？」

佛光禪師歎口氣，道：「你雖然是一位很好的長老禪師，可是卻連隱居之處都不知道。」

無德禪師就說：「我騎了三十年馬，不料今天竟被驢子摔了下來。」

這樣，無德禪師就在佛光禪師處住下來。

有一天，佛光禪師請無德禪師講學：

一學僧問：「什麼是您禪師的家風？」

無德禪師說：「我不告訴你。」

學僧不滿地責問說：「您為什麼不告訴我呢？」

無德禪師也就不客氣地答道：「這就是我的家風。」

學僧更是認真地責問道：「您的家風就是沒有一句話嗎？」

無德禪師說：「打坐！」

學僧頂撞道：「街上的乞丐不都在坐著嗎？」

無德禪師拿出一個銅錢給學僧。

學僧終於省悟。

無德禪師再見佛光禪師，報告說道：「當行腳的時候行腳，當隱居的時候隱居，我現在已找到了隱居的地方！」

人生真正的自由其實就隨遇而安，坐在地上就是乞丐，隱居起來就是隱者，走在路上就是行腳僧。如同風吹蒲公英，落在何處何處就是家，這就是隨遇而安。

有個人到寺廟裡去玩，他看見菩薩坐在上面，就問道：「請問菩薩，您在想什麼？」

菩薩說：「我什麼也沒有想。」

「那您的眼神我們為何猜不透？」那人又問。

「噢，是這樣，」菩薩安詳地笑了笑，繼續說道：

「我的心明靜得像水，可以清澈見底。我什麼也沒有想，也不受外界情況變化的影響。所謂的七情六慾，只是你們見到喜歡的東西或高興或悲傷，而我除了吃的外，認為別的都是身外之物。懂得這個道理，你就可以成為聖人了。把一個人比喻成佛，他一生下來，什麼都沒有，如果他能隨遇而安，當工作時工作，當休息時休息，能心情快樂，助人為善，那何愁不如彭祖活八百歲呢？」

「那我活這麼長的時間幹什麼？」

「這個嘛，各人有各人的見識。」

「既然這樣，我可不想成佛，我就隨遇而安吧！多謝菩薩指點，下次再見。」

這個人走出了山門。

清心自在

隨遇而安，並不是要人們不思進取，安於現狀，而是主張以豁達的心態來反觀世界，沒有高低貴賤之分，沒有善惡、美醜之別，一切皆是緣法，一切皆如止水，這樣我們就不會為世事所困擾，做個真正快樂的人。

09

享受平淡的生活

人生活於世上當然要快快樂樂的活著才懂得生命，但人由於過度的自我覺知，乃至發展出「有我」的自我意識。

過去，有一個老太太，她有兩個女兒，大女婿是賣草帽的，二女婿是賣傘的。

一到雨天，老太太就唉聲歎氣，說：「大女婿的草帽不好賣，大女兒的日子不好過了。」

但一到晴天，她又想起二女兒：「又沒人買雨傘了。」

所以，不管晴天還是雨天，老太太都不開心。

一位雲遊和尚聽說了這件事，就來開導她：「晴天，妳就想想大女兒的草帽好賣了，雨天妳就想想二女兒的雨傘一定生意不錯。這樣，妳不就天天高興了嗎？」

老太太聽了雲遊和尚的話後，天天都有了笑容。

其實快樂就在你身邊，只要你去發現。

一個二十歲的俊俏小伙子正埋頭走在路上，他正在尋找「快樂之神」。

他急匆匆地行走著，無心欣賞路邊的美景，無心傾聽樹枝上的鳥鳴，對過往行人也全然視若無睹。

這時，一個人攔住他問：「小伙子，你要去哪，為何行色匆匆？」

小伙子回答說：「我在尋找『快樂之神』」。說完，他又匆匆上路了，頭也不回。

轉眼十年過去了，小伙子已成了中年人，可是他依然馬不停蹄地尋找「快樂之神」。

一個人攔住他：「喂，你在忙什麼呢？」

中年人回答說：「我在尋找『快樂之神』，別攔著我。」

轉眼十年又過去了，中年人已變得蒼老，頭髮有些白了，臉上生了皺紋，可是他還在不停地向前走，尋找著「快樂之神」。

這時，一個人攔住他，問他：「喂，尋找『快樂之神』的人，你找到快樂了嗎？」

聽完這句話，他猛然驚醒。

原來這個攔了他三次的人，就是「快樂之神」。

他苦苦尋找了一輩子「快樂之神」，可是「快樂之神」就在他的身旁。

清心自在

其實快樂就在眼前，就在身邊，何必費盡心機四處尋找呢？

朋友對你會心一笑，同事間默契配合，父母對你的關懷，情人送你的禮物，妻子意味深長的親吻……這一件件令你感到快樂的事情，想起來，就足以支撐你的精神世界，就足以讓你快樂一生。快樂需要發現，需要挖掘，也需要創造。

10

過程比結果重要

恐懼不會產生智慧，只有恬靜的心境才會盛開智慧的蓮花。

從前，在山中的一座古廟裡，有一個小和尚被要求去買食用油。

在離開前，廟裡的廚師交給他一個大碗，並嚴厲地警告：「你一定要小心，我們最近得到的佈施不是很多，你絕對不可以把油灑出來。」

小和尚答應後就下山，到廚師指定的店裡買油。

在上山回廟的路上，他想到廚師嚴厲的表情及嚴肅的告誡，愈想愈覺得緊張，於是小心翼翼地端著裝滿油的大碗，一步一步地走在山路上，絲毫不敢左顧右盼。

很不幸的是，在小和尚快到廚房門口時，因為沒有向前看路，結果踩到了地上的一個坑。雖然沒有摔跤，可是油卻灑掉三分之一。

小和尚非常懊惱，甚至緊張到手都開始發抖，更無法把碗端穩。

最後來到廚房時，碗中的油就只剩一半了。

廚師拿到裝油的碗時，當然非常生氣，他指著小和尚大聲斥責：「你真沒用！

我不是說要小心嗎？為什麼還是浪費這麼多油，真是氣死我了！」

小和尚聽了很難過，開始掉眼淚。

一位老和尚聽到了，就跑來問是怎麼一回事。

瞭解事情的經過以後，他就去安撫廚師的情緒，並私下對小和尚說：「我再派你去買一次油。這次我要你在回來的途中，多觀察你看到的人和事物，並且跟我做一個報告。」

小和尚想要推掉這個任務，強調自己連油都端不好了，根本不可能既要端油，還要看風景、作報告。

不過在老和尚的堅持下，他只有勉強上路了。

在回來的途中，小和尚發現其實山路上的風景真是美。遠方看得到雄偉的山峰，又有農夫在梯田上耕種。走不久，又看到一群小孩子在路邊的空地上玩得很開心，而且還有兩位老先生在下棋。

這樣邊走邊看風景的情形下，不知不覺就回到廟裡了。

當小和尚把油交給老和尚時，發現碗裡的油裝得滿滿的，一點都沒有損失。

清心自在

欲速則不達，越是緊張做某件事就越做不好。一位真正懂得從生活經歷中找到人生樂趣的人，不會覺得自己的日子充滿壓力及憂慮。與其天天在乎自己的成績和利益，不如每天努力在上學、工作，或生活中，享受每一次經歷的過程，並從中學習成長。

11 真正快樂的生活

以捨為有，以忙為樂，以勤為富，以忍為力，用般若來生活。

一天，無德禪師正在院子裡鋤草，抬頭看見三位信徒走過來向他施禮，說道：「人們都說佛教能夠解除人生的痛苦，但我們信佛多年，卻並不覺得快樂，這是為什麼呢？」

無德禪師放下手裡的鋤頭，安詳地看著他們，說道：「想快樂並不難，但首先要弄明白為什麼活著。」

三位信徒你看看我，我看看你，都沒料到無德禪師會向他們提出這樣的問題。

過了一會兒，甲說：「人總不能死吧！死亡太可怕了，所以人要活著。」

乙接著說：「我現在拚命的工作，就是為了老的時候，能夠享受到糧食滿倉、子孫滿堂的生活。」

丙最後說：「我可沒有你那麼高的奢望。我必須活著，否則一家老小靠誰養活呢？」

無德禪師笑著說：「你們當然都不會快樂，因為你們活著只是由於恐懼死亡，由於等待年老，由於不得已的責任，卻不是由於理想，人若失去了理想，就不可能活得快樂。」

甲、乙、丙三位信徒齊聲道：「那請問禪師，我們要怎樣生活才能快樂呢？」

無德禪師：「那你們想得到什麼才會快樂呢？」

甲信徒道：「我認為我有金錢就會快樂了。」

乙信徒道：「我認為我有愛情就會快樂了。」

丙信徒道：「我認為我有名譽就會快樂了。」

無德禪師說：「那我提個問題：為什麼有人有了名譽卻很煩惱，有了愛情卻很痛苦，有了金錢卻很憂慮呢？」信徒們你看看我，我看看你，無言以對。

無德禪師說：「理想、信念和責任並不是空洞的，而是融入人們每時每刻的生活中。必須改變生活的觀念、態度，生活本身才能有所變化。名譽要服務於大眾，才有快樂；愛情要奉獻於他人，才有意義；金錢要佈施於窮人，才有價值，這種生活才是真正快樂的生活。」

人生在世，都有一個共同的願望，那就是希望能夠活得快樂。快樂是人人都有的希望，但實際上並不是人人都能享有幸福快樂的人生。我們如何才會快樂？佛家以般若的思想為我們提供了五點建議：

一、以捨為有

有的人整天妄想、貪求，這樣的人生永遠不會快樂。相反的，懂得施捨的人生，才會快樂無窮。「捨」並不是完全給人，而是一種結緣，例如：我專心聽你講話，就是與你結緣；幫你做一件事情，給你一些助力，給你一個微笑，給你一個注目禮，這些都是結緣。所以，表面上看起來你是在給人，其實是在播種福田。能夠捨的人表示自己很富有，因為你內心有感恩、有滿足，你才肯捨，才肯給人。心中有好話，才能說好話；心中有微笑，臉上才有笑容。所以「以捨為有」，才會快樂。

二、以忙為樂

一般人喜歡偷閒，其實偷閒是苦，忙才會快樂。有人常問一位禪師：「這麼多年不見了，您怎麼一點也沒有老呢？」禪師回答：「我很忙，沒有時間老啊！」因為忙得很快樂，忙得樂以忘憂，所以不知老之將至也。

三、以勤為富

一般人都希望自己發財，其實只要肯勤勞，就是一種財富；不勤勞，即使擁有萬貫家財，也會坐吃山空，所以要「以勤為富」。

四、以忍為力

佛祖之所以是佛祖，是因為他「難忍能忍，難行能行」。所謂「三祇修福慧，百劫修相好」，一個人能夠忍，就有力量。所以我們要能忍苦、忍難，忍饑、忍餓，忍早、忍晚，要「以忍為力」，一忍萬事成。

五、用般若來生活

首先，我們做人處事，不光是用感情，也不光是用物質，而要用「般若」，「般若」就是智慧。比方說你有技能，你把技術傳授給別人；你有哲學的思想、有好的道理語句貢獻給別人，這就是般若。能用「般若」處事，做什麼事情都是好事、都是善事，不會有副作用。

其次，在舉心動念間不要存有貪慾、嗔恨、自私；不要處心積慮地算計別人。凡事能為別人著想，能用般若來思想，必能獲得別人的信賴和敬重。

最後，用平常心來生活。我們的生活裡如果有平常心，吃飯的時候就能體會「一粥一飯來之不易」。那麼這碗飯就會吃得很香，就覺得菜根有菜根的香味，就容易知足。如果你用不滿的心情來吃的話，即使珍饈美味也不會覺得好吃。

清心自在

理想、信念和責任並不是空洞的，而是融入人們每時每刻的生活中。必須改變生活的觀念、態度，生活本身才能有所變化。名譽要服務於大眾，才有快樂；愛情要奉獻於他人，才有意義；金錢要佈施於窮人，才有價值，這種生活才是真正快樂的生活。

12
生活的境界
與人相處之道在於無限的容忍。

福州羅山道閒禪師去拜會石霜禪師，說：「心的靈知靈覺已現，卻往往會被一大堆紛亂的念頭束縛住了。在這種起伏不定的時候，我該如何用功呢？」

石霜禪師回答說：「最好是正視它，直接把各種念頭拋棄掉。」

道閒對這個答案很不滿意，便又去請教嚴頭全豁禪師，問了同樣的問題。

嚴頭禪師說：「那狂妄之心該止時便會止，順其自然好了，管它做什麼！」

人心總是紛亂複雜，起伏不定，有智慧的人就能夠順其自然。

波爾赫特是一位著名的話劇演員，從年輕時起，她在世界戲劇舞台上活躍了五十年之久。但當她七十一歲在巴黎時，發現自己破產了。更糟糕的是，她在搭船橫渡大西洋時，不小心摔了一跤，腿部傷勢很嚴重，而且還引發了靜脈炎。

給她治病的醫生認為，必須把腿截去才能使她轉危為安。可是，醫生遲遲不敢把這個可怕的決定告訴她，怕她忍受不了這個打擊。

但事實證明，這位醫生想錯了。在他最後不得不把這個事實說出來時，波爾赫特注視著他，平靜地說：「既然沒有別的更好的辦法，就這麼辦吧！」

手術那天，波爾赫特高聲朗誦著戲裡的一段台詞，毫無悲傷的神色。有人問她是否在安慰自己，她的回答是：「不，我是在安慰醫生和護士。他們太辛苦了。」

後來，波爾赫特繼續在世界各地演出，又在舞台上工作了七年。

清心自在

人生無坦途，面對眾多的失敗、挫折、欺騙等不順心，甚至痛心的事情，我們應該採取什麼樣的態度來對待呢？道理很簡單：與其自尋煩惱，不如順其自然。

TALENT TOOL

大大的享受拓展視野的好選擇

大拓 Talent Tool

永續圖書線上購物網

www.foreverbooks.com.tw

謝謝您購買 <u>一件事，想通了是天堂，想不通就是地獄</u> 這本書！

即日起，詳細填寫本卡各欄，對折免貼郵票寄回，我們每月將抽出一百名回函讀者寄出精美禮物，並享有生日當月購書優惠！

想知道更多更即時的消息，歡迎加入"永續圖書粉絲團"

您也可以利用以下傳真或是掃描圖檔寄回本公司信箱，謝謝。

傳真電話：（02）8647-3660　　　信箱：yungjiuh@ms45.hinet.net

☺ 姓名：＿＿＿＿＿＿＿＿　□男　□女　　□單身　□已婚

☺ 生日：＿＿＿＿＿＿＿＿　□非會員　　□已是會員

☺ E-Mail：＿＿＿＿＿＿＿＿　電話：（　）＿＿＿＿＿＿

☺ 地址：＿＿＿＿＿＿＿＿＿＿＿＿＿＿＿＿

☺ 學歷：□高中及以下　□專科或大學　□研究所以上　□其他＿＿＿＿

☺ 職業：□學生　□資訊　□製造　□行銷　□服務　□金融

□傳播　□公教　□軍警　□自由　□家管　□其他＿＿＿＿

☺ 您購買此書的原因：□書名　□作者　□內容　□封面　□其他＿＿＿＿

☺ 您購買此書地點：＿＿＿＿＿＿＿＿　金額：＿＿＿＿＿＿

☺ 建議改進：□內容　□封面　□版面設計　□其他＿＿＿＿

您的建議：＿＿＿＿＿＿＿＿＿＿＿＿＿＿＿＿

廣告回信
基隆郵局登記證
基隆廣字第 57 號

新北市汐止區大同路三段一九四號九樓之一

大拓文化事業有限公司收

請沿此虛線對折免貼郵票，以膠帶黏貼後寄回，謝謝！